正面迎擊
人生大魔王

黃昭瑛 著

推薦序　勇敢正面迎擊人生的風浪，化磨難為祝福

文／台灣世界展望會董事長　鄒開蓮

認識Yuki是二十年前，當時雅虎奇摩剛合併，我擔任總經理。那是Web 1.0的時代，廣告主對網路好奇卻搞不清楚到底要在網路上做什麼，可以說是蠻荒叢林時代，很快的，我就聽說奇摩業務部裡有一個很年輕，二十出頭的女生，很厲害，沒有談不下來的客戶！她就是黃昭瑛Yuki，永遠掛著微笑，說話輕快、頭腦清楚，不停在做中學的女孩。

十九歲就出社會養家，Yuki有著超齡的成熟，卻沒有在逆境中的酸澀冷漠。她的積極正面像溫暖的陽光，總是站在客戶的立場來想出最棒的方案，不是靠說得天花亂墜讓客戶買單，而是服務到底，讓客戶滿意。即使

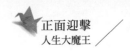

遇到脾氣很大會摔椅子的客戶大老闆，她還是笑笑地「受教」，繼續想辦法讓客戶得到最好的成效。當時我們想要打進預售屋的廣告市場，那是一塊很大的餅，但是代銷公司多年都靠週末打報紙廣告，然後看當天有多少組看屋來評估成效，他們認為網路上的用戶太年輕不是買房的人，見都懶得見我們的業務。我還記得Yuki終於第一個破冰，讓一家代銷業者願意嘗試，她擔心沒成效會關上以後的門，自己跳進去幫客戶理順廣告後的客服，包含接電話、留資料、現場看房服務，提升成效，客戶超感動的！很多客戶都成了信賴她的好朋友，包括她現在KKday的老闆陳明明也是她以前的客戶。我在Yuki身上看到一個人的影響力，不是靠學歷多高，而是可以蹲得多低，學得多快，又可以為別人「加值」多少。

二十多歲正當Yuki工作一帆風順時，她得了癌症，歡喜懷孕生寶寶，孩子早產傷到腦，需要持續的復健治療。職場明日之星突然接二連三地遭遇打擊，Yuki沮喪地離開公司專心照顧孩子，同事們都好心疼她。在她的人生低谷，我邀請她去教會，Yuki接受了耶穌基督做她的主，給了她愛和力量用最正面的態度面對改變。那七年，也許是上帝為她設計的一段特別旅程，讓她暫停追求靠努力打拚、成功、賺錢，而去體會人生更豐富的禮物和價值，預備她在日後越來越有影響力的職涯裡，激勵更多人去勇敢、正面迎擊人生的風浪，化磨難為祝福。

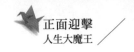

推薦序　將魔王的試煉轉化為精采人生

文／台灣虎航董事長　陳漢銘

Yuki是我認識的職場女性工作者當中，執行力和意志力堅定到讓我佩服的一位堅強工作者。記得初次認識時，我以為眼前只是一個滿腹想法、充滿創意、甚至有點天馬行空的小女生，直到我們共同完成了數項不可能的跨界活動之後，我開始對這小女生徹底改觀，原來她說到做到，她言出必行，而且她強大的心臟，足以讓你必須正視及相信她正提出的每字每句！

直到受邀為她的新書寫下推薦，瞬間被內文所吸引，而更在完整的閱讀了Yuki的豐富閱歷後，不禁讓我汗顏，原來我眼中這一個小女生，其實經歷了外人所無法想像的挑戰，而從她自述的字裡行間當中，就像在說著別人的故事那麼的自然、那麼的理所當然，原來這個女孩子心中有一顆堅定強大的心，造就了她今天的言出必行；原來她充滿自信開朗的笑聲背後，是她親身經歷的種種歷練，造就了她走到哪兒都令人歡迎，並讓人感受到真誠和溫暖！

Yuki就是這麼一個溫暖自信的女孩，不論你認不認識她，我都推薦你透過她親身真實的分享，欣賞這位小女孩如何正面迎戰人生中的大魔王，並如何優雅的將魔王的試煉轉化為她人生精采絕倫的養分！

推薦序　正能量背後不為人知的辛酸與磨難

文／KKday創辦人暨執行長　陳明明

回憶二〇〇〇年初時第一次初識Yuki，只覺得她是位青春活潑、充滿正能量的小女孩；細問之下，才知道不到二十歲的她，已經是Yahoo的網路廣告超級業務員。與Yuki相識二十多年，從客戶變成摯友，更從摯友變成創業路上的共同夥伴。善良與認真如同跟她劃上等號一樣，與她相處總是如沐春風，讓人填飽滿滿的正能量；但在這些正能量的背後，卻有各種不為人知的辛酸與磨難發生在她身上。

就如書中所述，這二十多年來，她經歷了種種人生的大魔王，從在學時期就要扛起家中經濟，本身罹患原位癌，結婚後成為早產兒媽媽，到被莫名的追債等等，過程中每每知道她的遭遇時，我除了覺得不捨外，更常想老天對她怎麼這麼不公平，命運總是一而再，再而三的給她不同的考驗；不過，她總是能打敗這些大魔王，還能將這些歷練化做成長的養分，讓她的人生不斷地向上提升；她不但沒有被命運打倒，反而積極的面對並從中不斷的學習，讓自己的能力變得更強，心理素質變得更高。

本書內容前半篇講述Yuki人生經歷的種種大魔王；後半篇則分享透過這些經歷，她如何將它轉化成在工作職場上、待人處事態度上，及管理上的哲學；此外也分享Yuki自己的理財投資法。即使我大Yuki若干年紀，讀起這本書來都覺得獲益匪淺，例如她提到被潑髒水設陷阱，也不閃坑，只要拍一拍繼續向前行。Yuki以其人生中的種種磨難，練就其人生與管理的哲學，透過這本書來向讀者無私的分享，是值得本人極力推薦與好好閱讀的一本好書。

若你正遭遇人生的不如意，相信閱讀本書可以給你很多的啟發。這次很榮幸能夠為Yuki的書寫序，相信透過本書的出版，可以激勵更多的人，也讓有相同遭遇的朋友，能夠勇敢地面對自己現在的大魔王。

目錄

PART 1

大魔王說來就來，但每一次的磨難，都是蓄勢待發的養分

PART 2

做名職場好戰士，你以為是刁難，其實都是禮物

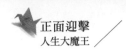

PART 3

不要小看年輕人，新創即是拋開過去，攜手一起走

PART 4

適時停下，隨時充電，成為有影響力的人

自序

即使開頭一片苦難，人生故事最終都是好的

二十多年來，我只在三家公司工作過，Z世代同事們說我是「古董」，他們工作兩年就遠超過我的數量。

因為孩子早產伴隨腦傷的後遺症，導致需要長期復健，我辭掉外商主管工作，陪伴他七年時間才終於追上足月小孩的發展。

七年全職媽媽的生活，我一復出就成為外商總經理，管好幾百人的團隊，這又是什麼奇妙旅程？

十九歲開始賺錢儲蓄，靠自己滾出了幾間房，第一間是我二十出頭買的，但當時激勵我買房子的故事竟是悲傷中有淚。

這些人生故事最終結果都是好的，但開頭是一片苦難，中間艱辛的過程也很不容易。我有機會能利用假日、晚上把這些自己的人生故事寫成一

本書，透過我最愛的文字力量，收整起來，讓它有機會經過整理、有系統地呈現，能透過閱讀、有機會宣傳而激勵更多人，這真的是一件很棒的事。

或許有些人正在工作的焦慮上、財務缺口的徬徨中，甚至和我一樣有工作與小孩的抉擇點，大膽做出選擇，採取行動，看看我的故事，希望會讓你心中的聲音更具有力量與勇氣。

謝謝時報主編潔欣找上我，我其實是一個很怕給別人帶來麻煩的人，所以第一次見面時，我問她第一個問題是：「一本書要賣多少本，出版社才不會賠錢啊？」第二個問題是：「我沒有要寫專業書或職場書，我要寫一本不一樣的書，會不會沒人看啊？」

聽到她對我這本書的熱情與深具信心的回饋，讓我也很受振奮。從第一次見面後，三個月就寫完了這本書，五個月就正式出版，實在是速度派的夥伴，我超喜歡。

PART 1

大魔王說來就來，但每一次的磨難，都是蓄勢待發的養分

人生中有很多苦痛、遺憾，幾十年後來看就會發現，有些事成就了早熟的我們，促成了許多好事。不要小看正面情緒的力量，它可以療癒我們受傷、需要撫慰的心。

1
職涯上的每一步都是學習，總有機會用得上

十九足歲的社會新鮮人，當時家裡的固定開銷有：房租、生活費、母親醫藥費，長期的中醫藥材費用、偶爾的民間偏方，全家保險費等等，每個月我必須有七萬以上的收入才能收支平衡。為了這龐大的經濟壓力，我選擇放棄我喜歡的行銷部門工作，申請轉任唯一可能達成這個收入目標的工作——業務人員。當然，人的潛力是無窮的，為了拿到足夠的薪水，我每個月的業績都是超標，我自己省吃儉用，勉強能支付家庭開支；但是，上帝的考驗總不是那麼單純而已，印象很深的一次，才剛拿了該月的錢回去，媽媽就說，家裡臨時又有一筆支出，需要一萬多塊，坦白說，我每個月身上都只有幾千塊可用，哪裡來多餘的一萬多塊呢？

實在不曉得該如何是好，過了二天，回家時媽媽很難過的跟我說，爸爸拿奶奶過世前唯一留給他的金項鍊去銀樓賣，賣了一萬塊，我和媽媽兩個在房間裡哭了出來，說什麼，我也要想辦法去贖回那條對爸爸意義重大的金項鍊。

巧合的是，隔天到了公司被主管叫進去辦公室，他很開心的跟我說：「Yuki，恭喜妳，因為妳的努力和工作表現，我們決定升妳為經理，妳是我們第一個那麼年輕就能升職的員工，妳才二十多歲，但妳的優異工作表現，讓我們決定破例。」

我聽了心裡五味雜陳，我心中想說的話，沒有勇氣說出口，眼眶泛著淚光，嘴唇緊閉著，到現在我想主管還不能想像，當初我心中所想的是：「主管，你能借我一萬塊錢嗎？我想今天趕快去贖回我爸的金項鍊，已經放好幾天了，我很怕放在銀樓會被熔掉或賣掉。」其實，那時候Title對我來說，根本一點也不重要，我要的是「錢」那麼簡單而已，但我開不了

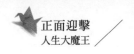

口，當時多麼希望身邊能力許可的人開口問我：「妳家裡還好嗎？需要幫忙嗎？」給我有足夠的勇氣回答：「能不能借我一萬塊？」

或許是這般悲情劇常常發生，所以我的業務之路反而走得很順，幾乎只有達標和超標兩種情況，不太可能做不到，即便在外商要一直成長的高目標壓力下，也是如魚得水，再細究原因，應該就是我的行銷工作經驗與背景。

在做業務工作時，我都把自己當成對方公司的行銷人員，我只要整理完對方客戶的挑戰、困擾，大致就可以從市場分析、行銷目標、策略、活動規劃到執行方案與成效預估，一氣呵成的做完企劃案，但我當年只是一個媒體業務而已，也可以只出報價單和合約，看客戶要買什麼版位、預算多少？但我從來不這麼做，甚至後來遇到傳統產業的客戶，沒有能力寫文案、設計廣告素材、架網站，我還一人全包，自己幫他們找設計、找網站公司做網頁，文案我來寫、網站架構我來畫。

有一次化妝品客戶出好幾個顏色的彩妝，我自己設計心理測驗，裡面的測驗題目和分析也是我寫的，這些都是我在行銷專員工作時，會碰到的領域和日常。但一轉業務後，完全都能派上用場，客戶樂得輕鬆，超喜歡我有效率又夠有創意的行銷服務，總是把預算全部給我。與其說是業務，其實是幫客戶解決問題的人，只是我剛好會行銷，可以透過自己的專業來更完美的解決客戶問題，把預算花在更有價值的地方。

後來到零售品牌公司當總經理時也是這樣。電商、行銷都是用來解決生意的問題，百貨公司、門市的來店客人不夠，電商的流量不夠，也是靠行銷手法來創造生意機會，我的經驗、過去的專業果然都沒有白白浪費。職涯上的每一步都是一種學習，只是看什麼時候用得上而已，像我的例子就是；行銷能力讓我做業務、做總經理時如虎添翼，敢做不一樣的嘗試與突破，是一個很好的經驗。

所以即便當年因為經濟壓力讓我轉做業務，但說到底我熱愛的行銷工作也沒有丟掉，只是換一個角色得以實現自己的工作熱忱與夢想。

當年我遇上許多位總經理、行銷主管，每天推出很多新品上市、想衝年輕會員、想找到特殊族群，或是預算不足想做很多事情的客戶，我總是會在各種創意的企劃案上實現對方的想法，完成他們的行銷目標，當業務的經驗把我的行銷工夫練得更扎實！

2

睡眠充足、釋放壓力，人人都該學習善待自己

十九歲開始養家，我只能放棄喜歡的行銷工作，申請轉調業務部門，一個菜鳥，從來沒有當過業務，第一年年薪就破百萬了，因為我常常沒有睡覺，回家只是洗澡換衣服而已。

我可以連續加班一週只睡幾個小時，家裡的經濟壓力，每個月都壓著我喘不過氣，但公司的低底薪高獎金制度，讓我有一個機會可以拿到高薪來養家。當年網路對於廣告客戶來說太陌生了，往往對方的考慮週期拉很長，有時候窗口想做，提報上去又會被董事長或是總經理擱置，他們最常問的問題是：「這個網路行銷會帶來多少業績？你算得出來嗎？」

我當時年紀很小，只好靠著亂槍打鳥的狂拜訪中理出一些頭緒和策

略，所以很快的命中率就很高，幾乎把把出手都會成功。客戶不只會繼續合作下一檔新品，也會幫我介紹客戶，然後我的行程就開始滿滿滿，捨不得休息和睡覺，每天拚到凌晨，回家洗澡再來繼續拚，仗著自己年輕，不知道人是不能這樣蠻幹的。

「這是我們的疫苗臨床實驗計畫，為期這麼多年的時間裡，疫苗藥商會支付妳每一次回來檢查的車馬費還有全部的健康檢查項目，目前疫苗已經來到上市前最後一期的人體實驗，重大副作用的機率很低，這些是目前已知的副作用，妳看一下，可以的話就簽名，今天就可以安排檢查和注射第一劑。」

一次醫院檢查時，遇到醫學門診的醫師問我要不要加入癌症疫苗的人體實驗計畫，我看完聽完當場答應，把診間醫師和護士嚇了一跳，被太多人拒絕後，突然遇到一個二十出頭的年輕小妹妹願意馬上加入，他們反而有點擔心：「妳需不需要回去跟家人討論一下？」「不用啊，我自己就可以決定。」沒想到這個緣分，救了我一命。因為打完疫苗後，送到藥廠指定的波士頓醫學中心檢驗，檢查結果出爐，我是癌前病變第三期！醫師說：「按照妳身體那麼快的進程，從第一期到第三期，很少有那麼快的，妳還那麼年輕誒！」

藥廠莫名收了我這個燙手山芋的案子，本來是要收癌症疫苗受試者，結果收到一個癌前病變三期的，但已收案的情況下，幸運的我成為醫院、醫師、藥廠共同關注的案例，得到很多照顧與愛護。我很快做了癌化細胞切除手術，一樣注射了癌症疫苗，每一期必須回醫院檢查的精細程度都有三方關照，成為病友的十幾年後，我還是固定回診。

而那次患病的驚險指數，除了因為果斷加入這個計畫，讓我有機會做詳細檢查而提早在癌前病變第三期時發現病症外，醫師跟我說的話，我從二十幾歲一直記到現在：「身體細胞的癌化推手是：失眠、負面情緒、壓力……。」原來，我當時幾乎全部都備齊，不生病才怪。

養家後轉業務工作沒幾年，就發現自己凡事全力以赴的個性真的是最佳業務特質，但是我不懂得善待自己。不要懷疑喔！善待自己也是需要學習的，沒有人與生俱來。我當時為了提醒自己要多休息、多放鬆，不能讓身體細胞再次癌化成為癌細胞，我開始不敢無止境的熬夜，面對負面情緒懂得意識到需要舒緩，失眠不能當成常態。癌前病變算是罹患原位癌，當時我的保險理賠金可以先領取一部分，我決定全部拿去買精油按摩課程。我是一個從來捨不得花錢在自己身上的人，竟然大手筆做了這件事，後來我才懂得工作與生活平衡是什麼意思，有多麼重要。

癌症真的太令人害怕了，我母親就是多癌性體質，四十多歲就因癌症過世，我對於自己二十多歲年輕時就遇到原位癌，很震撼！那種對於生病的恐懼，讓我緊急調整了面對人生挑戰時的看法：「顧命要緊。」我常常這麼說，即便眼前的事情有多嚴重，我都懂得同時要照顧、善待自己。

總是全力以赴的人，常常會把感受放到最後，一心只有偉大的目標與航道，但善待自己的身體、照顧自己的心靈是避免細胞癌化很重要的關鍵因素之一，尤其是：睡眠、情緒、壓力。

例如睡眠：睡眠時間、品質都很重要，一天熬夜不是隔天睡多一點就可以補回來，還必須要規律睡滿足夠的時間。

如果遇到負面情緒：生氣、壓抑、不滿、焦慮的時候怎麼辦？

我們要時時關注自己情緒的狀態，不要處在負面情緒下太久，可以學習放鬆，也要懂得減少接觸讓你產生負面情緒的來源，不管是人、事、物，減少接觸是對自己身心健康的保護。我的確常常消失在一些讓我身心俱疲的場合，例如：不能真誠來往的八卦朋友，我幾乎不往來。大部分無意義的餐會與社交聚會，我都不參加，寧可待在家裡休息、獨處看書。有些想找我聊聊的朋友，我也會確定自己真的能給予對方價值，才會答應，因為我尊重自己和對方的時間，不想讓雙方白花力氣。有一些群組和社團，如果太負能量，我也會淡出，不想看到那些衝動的負面發言。

壓力方面：適度的壓力是好的，可以讓人成長，但過度的高壓與長期的壓力會對身心產生負面影響。從我的例子就可以看出來，要能衡量自己可以接受的範圍，不是無止境的給自己壓力。

後來我癒後良好，同時也控制得當，跟醫師、藥廠都變成好朋友。這個癌症疫苗上市的時候，我還出席醫院與藥廠合作的疫苗上市記者會擔任病友和受試者代表，宣導定期癌症檢查的重要性呢！但我沒有說的是，長期照顧自己的身心健康、善待自己，比定期檢查更重要。

3

唯有經歷苦痛，才會有超齡的成熟

為了要給家人安穩、可以遮風避雨的家，二十年前我買下第一間房子，當時我二十歲出頭。後來房地產價格飆漲，房子價格至今飆升四倍，我因為買得早也就把當年首購的房貸還清了，成為大家羨慕不已的有殼族。

二十歲出頭買房子的緣由與動力，其實不是來自於超齡的想法，而是來自於一個苦痛的故事，我癌末的母親。

「你們這個房子是租的吧？那提醒妳一下，最好是不要讓媽媽留在家裡，尤其現在已經在末期了，不要給人家帶來困擾比較好……。」某一次家人的長輩朋友來訪，提到這件事，自此之後媽媽就沒有回來家裡過了，一直到臨終前，她都待在醫院裡。當時家裡的成員有我、弟弟和爸爸，我在辦完媽媽的告別式後，立定目標，要給家人一個遮風避雨的家，那一年我二十一歲，我告訴自己遺憾不能發生第二次，我要趕快達成這個願望。

後來的日子，我每天都認真工作、努力賺錢、儲蓄，有空就帶爸爸、弟弟去看房子，至少看了上百間房子，最後才選了一間看起來環境幽美、我又負擔得起、房貸差不多等於我們當時房租的預售屋，信用卡刷下去訂金的那個時候，我心裡充滿著踏實和一點點的惋惜，遺憾媽媽過世早，我來不及做到。兩年後房子蓋好我們搬進去住，爸爸住主臥、我住一間比小孩房還小的房間、弟弟則是住在客廳旁的和室，是間只有拉門沒有鎖的小和室，房子雖然不大，但入住的那天，爸爸說：「感覺好像住在飯店喔，窗外望下去是社區的游泳池耶。」

爸爸的開心讓我心裡很踏實，當年我二十三歲。

後來因為我希望自己和弟弟結婚後，爸爸可以跟我們住在一起，類似現代三合院那樣，才不會孤單，只是當時在社區大樓裡我們住的小房子太小，若我或弟弟結婚，勢必一定要搬家，所以我決定再買兩間在另一個社區、同一棟樓相鄰的三房預售屋，背了滿身千萬房貸。爸爸跟弟弟都擔心我這樣會經濟壓力太大，尤其當時弟弟還沒退伍，不懂姊姊為什麼想到那麼遠的事，把自己搞得那麼累？我後來覺得，唯有經歷一些苦痛的事，才會讓一個人成熟，而越痛、就帶來越超齡的成熟。

我因此節制消費、努力工作賺錢，假日還去兼小朋友的電腦教室老師，二十幾歲的青春時光，別人演少女，我在演賺錢機器跟工作狂。但即便如此，房貸是一件很長期的事情，要還完很不容易，只是我二十幾歲就開始，已經比許多人都幸運，起步早、還款早、當時房價又比較低，幸好當年我二十幾歲就規劃好，現在才能和爸爸、弟弟住隔壁，讓全家人可以在一起。

很多人問我怎麼理財？我不忍心告訴大家：「逼死自己就可以。」如果沒有一個你想要付出的人，似乎是很難做到的。要給爸爸、弟弟一個遮風避雨的家，這種決心可以戰勝所有賺錢的困難、克制花錢的欲望。後來我長大後發現，因為有房貸的關係，讓我很積極存錢，由於房貸是每月扣款，未付本金又是千萬天文數字，所以今天不管是發獎金、發年終還是其他什麼錢，都會被我拿去繳房貸，我不敢亂買、亂花，房貸的數字太嚇人，是一種沈重的負擔，二十年來很神奇的幫助我存住不少錢。

當年那個好意提醒我們不要讓媽媽造成別人困擾的親友，我當時討厭他的多事，但長大後明白那是一種禮貌與替人著想的心，同時也要謝謝他，給我動力，年紀小小就敢買房背房貸，倘若現在再買就是好幾倍的房價了。

人生中有很多苦痛、遺憾，幾十年後來看就會發現，有些事成就了早熟的我們，促成了許多好事。我也要感謝當年自己的勇氣，敢承擔那麼重的壓力與責任。

4

人生中遇到的教訓不一定全都是壞事

人生中第一次打工，是國中時跟同學一起去的，記得是在老闆家的家庭工廠，時薪大概是八十元，以當時的國中生來說，算是很好賺零用錢的途徑。因為是計時的給薪，所以做得多、做得少都是領一樣的錢。工作內容是用一台吹風器把生產下來的塑膠膜雜質吹掉後疊起來，一點也不難。

我因為動作快，學得也快，一上手馬上就是工廠裡其他長輩們的三倍產量；再加上年輕又視力好，所以我越做越快也越來越受到重用。雖然沒有因為產量大而加薪，一樣是領八十元時薪，但老闆、老闆娘默默培訓我去做更重要的事情：到機器產線上，把生產下來的膜拆下來，再交給後端本來跟我做一樣事情的長輩們進行吹掉雜質的檢查程序。等於我的工作前進一個流程到前端，我進行的速度也會影響後端的速度，所以是一個速度優化、產量優化的關鍵角色。

某一天，老闆娘在早會時突然宣布即日起要增加產量，不准聽收音機廣播、也不准交談，因為這次要交貨的量很大，需要大家專心。想當然爾大家都很不高興，一個那麼枯燥無聊的工作，不聽廣播、不能交談要怎麼持續做啊？大家彼此互相看一看，有些早就受不了老闆管理方法的人，決定今天做完就要走了，外頭工作還有很多，何必非得選這種環境。那我呢？當然也是不爽，心裡想想覺得算了，就跟大家做一樣多就好，何必老是多做三倍的產量，又不會多錢，老闆也只會持續壓榨員工而已，於是當天就做跟大家一樣的量，也就是比我平時少了三分之二。

隔天上班，老闆、老闆娘把大家聚集起來，原來那天早會是要「殺雞儆猴」，所有人都沒事，而我則是那個「雞」不是「猴」，當天也是我人生中第一次聽到這個成語，畢竟我才十幾歲而已。聽到老闆娘說：「我本來覺得昭瑛很可以栽培，我打算讓她繼續留下來幫忙，升成正職月薪，以後讓她帶產線的，沒想到她昨天一個不高興就影響產量，我們覺得公司不能留這樣的人，決定即日起不再雇用她了。」話說到這裡，她轉頭看向我：「妳今天的工作不用做了，可以直接離開。」

沒想到我第一次打工的經驗就在老闆娘宣布開除我後，悲慘的結束了，我簡直是震撼到一路哭回家。當天本來是我爸爸騎摩托車載我去上班的，沒想到我被開除了，也不好意思借老闆的電話再叫爸爸去載我，我就自己一路哭著走一大段路回家。從那天起，我學會越優秀、越要謙卑；有時候我們會以為自己是「猴」，結果是被殺的「雞」，也要懂得理性溝通，不要因為脾氣而影響工作品質，顯得不夠專業。

這個故事我曾經說給很多人聽，我出社會後第一份正式工作的外商主管對我說：「幸好當年那個打工老闆開除妳，不然妳現在會不會還在那間工廠當女工？因為受到重用，國中畢業就沒再念書了啊？」

這樣想也很有趣，的確，人生中會得到很多教訓，但不是每一次都是壞事。像這樣斷了我在家庭工廠的產線發展之路，同時學到「情緒不能影響工作才是專業」的經驗，就是一個看似悲慘卻對我來說反而是好事的故事。

擔任童工即便很優秀卻被開除的這個故事，也因為發生在我年紀尚小之時，所以「越優秀越要重視職場溝通」的這個教訓對我人生影響很大。出去上班不像在家，在家耍脾氣就很不應該了，出社會後絕對不要亂嘗試。不爽的時候先消化一下情緒，再冷靜一點的時候找主管溝通，千萬不要採取激烈行為，甚至威脅老闆影響工作，這些都不是最好、最明智的選擇。

我後來當主管之後再想起這段往事，也從另一個角度來看事情，可能相同的價值觀與敬業態度才是這間家庭工廠老闆最在意的條件吧！至於員工能力、有多大潛力和貢獻都是其次了，看看連產量達三倍、已經開始培訓的人都可以砍掉，代表著他有多麼重視正確的價值觀與敬業態度呢！但是採取這樣的方式來警告團隊是不是最好的方法？當員工有錯誤行為時，該如何導正？應該也是值得深思的課題。

如果我是老闆的話，我會如何教導這名員工呢？那麼多年了，我還是偶爾會想起這段故事。

5 當下不能學以致用，也總有用得上的一天

我有一位很要好的高中同學，在上市大企業擔任財務長，而其他同學不論在金融業、會計師事務所或各行各業都在財務角色上嶄露頭角，因為我高中念的是會計。

當年明明可以考上公立高中，卻被媽媽鼓勵去念高職，還要我記得選會計這一科，才能一畢業就找到工作，很實際！後來我以高分考上高職第一志願，用可以念資訊科的成績去選填會計。一入學就開始上一系列技職教育的課程，很扎實的從初級會計、中級會計、成本會計、銀行會計、貿易、稅務會計等等一路往上學，細到會計科目、切傳票、出會計報表。那是一間很傳統的公立學校，所以我們做會計帳不是用系統，是手寫的，心

算、珠算每學期檢定考，中文打字、英文打字也要檢定考，完全是扎扎實實的商科少林寺，直到現在我心算很快、打字很快也是這樣訓練來的。每次跟大家說我打中文用倉頡拆字根，都被當成絕版古代人，但事實上這真的實用又快速。

高職畢業後我輕鬆考上第一志願，繼續念商科、繼續考證照，還一邊在連鎖眼鏡行總部做會計帳，一個人可以做快十家的會計帳務、算業務員薪水和獎金，因為動作很快的關係，生意再忙都不會超出我的打工工作時數，還是可以課業、打工並行。

研究所是念在職的，念了行銷，此後對於整套行銷學才有系統化的學習機會。不然，當時真的是一邊工作一邊摸索自我學習，很多客戶是品牌經理，跟我討論行銷策略時，我也是半猜半懂。

從學以致用的角度來看好像繞一大圈，但事實上並非如此。後來在外商當總經理時，我們亞太總部的財務主管跟我說，妳是唯一一位看得懂財務報表的總經理，溝通起來超級輕鬆愉快，因為每一次當我們費用想要減少，或是庫存要改善、營收又要提升的時候，我總是可以以財務報表的整體概念來優化，很直接進行實際行動的討論。這點讓我的總經理工作更事半功倍，從財務角度出發是最以終為始的，但財務其實並不了解市場狀況，所以我必須提供市場觀點與建議，這又是可以相輔相成的。

舉個例子來說：營收要再超標、增加的機會有限，但又想衝毛利來增加最後稅前利潤時，可以採取的行為可能是：推高毛利高單價商品、把熱賣款限定商品改推在低抽成的通路或是自有通路、提早上市高單價的新品商品等等，這些都可能在人潮沒有改變、訂單數也沒有改變下，達成財務目標。但倘若沒有財務概念，可能就是舉辦促銷、參加通路百貨活動、辦會員回娘家等等的方式，最後營收只增加一點點，毛利大傷、費用增加，結餘出來的稅前淨利還是沒有起色，更慘的是，這些瘋狂優惠活動結束後，營收要低迷好一陣子。

每次在溝通這些行動方案時，我都特別感謝媽媽當年的勸告，雖然同學去當財務長，我沒有往這方面發展，但懂財務是受惠一輩子，不僅在工作上可以更靈活更有組織架構，更重要的是在個人理財和財務管理上也有幫助。

學以致用是理想狀態，如果暫時用不上也別擔心，有時候繞了一圈會有機會派上用場的，像我現在寫這本書時，打字也是超快，倉頡輸入法雖然很古老，但很好用。

6

人生無須計畫太多，大魔王隨時會來，擋都擋不住

是我上廁所時太用力嗎？還是吃壞肚子了？

當我意識到懷孕二十多週，子宮開始規律收縮感到肚子痛時，沒多想太久就立刻搭車衝到醫院，接著馬上被推去產房樓層病房，雙手雙腳被安上好幾個點滴頭，打進不同的安胎針，因為情況太緊急我什麼都沒有準備……。

當時我已經在外商公司從第一線的行銷專員開始，轉任過業務單位、開始帶新人、被安排至新事業單位接任主管，九年時間的歷練，已經擔任主管工作，我深信將來的職涯發展潛力無窮，因為這是一個我熱愛的工作環境和產業，我甚至想，應該會在這間公司再做二十年。但經過那次在廁

所子宮收縮肚子痛後，完全改變我接下來的人生規劃，我從沒想過，一個大家認為是女強人的我，竟然成為七年的全職媽媽；自己照顧早產兒、親自哺餵母乳、做副食品，陪伴小孩因出生時腦傷後遺症所需進行的所有復健治療，甚至還在育兒空檔斜槓做了各種小生意。

「我到底該辭職親自帶小孩？還是請人帶，我去上班賺錢？」這個疑問在小孩尚在醫院保溫箱時，常常浮現腦海，但後來小孩的病情發展，並沒有給我選擇的權利。某一天在新生兒加護病房孩子的保溫箱旁，我聽到醫師提到的病程發展開始無助的大哭，因為小孩的腦室出血從一級慢慢到二級，那天已經擴大為三級，傷及運動神經，拍的片子看起來有很大一片出血，出血就像海浪打上沙灘，離開時沙灘上會有一些痕跡或是亮點。醫師是早產兒界十分知名有愛心的許瓊心醫師，她很沈重的問我一句：「媽媽，這樣的孩子會需要長期復健，我想知道你們家的經濟情況如何？未來誰能陪伴他復健、照顧他呢？」她還想知道這樣的負擔，對我的家庭來說是不是可以承受。因為孩子還在急救治療中，她需要讓我明白，未來是一條漫長的道路，也需要得到我即便如此依然會篤定全力繼續搶救的訊號。

產假期間我天天去新生兒加護病房、中重度病房看我的孩子，常常邊哭邊擠母奶送去給他，同時也為未來的照護受訓，我開始感覺到，幾乎是不可能有機會回去上班了。我每天摸索著的是，物理治療師給我的衛教單張、查遍國內外有發布過關於腦傷兒復健治療方法的期刊論文與文章，眼前還要演練口胃管和鼻胃管的抽插方式要怎麼做才到位，以及心肺偵測器跟氧氣供氧量的調配關係；如何從臉部顏色、儀器數值來判斷要採取什麼動作？什麼時間該趕緊就醫……？出生四個月後，我順利的通過所有受訓考試，帶著一個出生只有一千克，長大到兩千多克的早產兒，外加帶一堆儀器——口胃管、心肺偵測器還有氧氣製造機回家。我從一個外商主管，變成了二十四小時的私人貼身護士，每天膽戰心驚的面對儀器和一個身上很多管線的小嬰兒，第一週我就瘦了五公斤。

以前常聽到職涯規劃這種觀念，我只是想，到底有多少人真的可以按照自己規劃的路來走？如果遇到了，我們應該焦慮、挫敗還是趕緊正面迎擊這人生的大魔王？

我常常說這七年陪伴小孩育兒、復健治療的過程，給了昔日是傳言中女強人的我，更多能力與心境上的預備，年輕時覺得努力就能成功、沒成功就是不夠努力，其實是欠缺耐性甚至有點驕傲的。對我來說，沒有不可能的事，沒做到一定是不夠努力、方法不對。但七年多來，雖然我和孩子都很努力，卻一再發現他發展遲緩、進步緩慢甚至常常冒出新的問題，我才驚覺這是一連串打碎自己驕傲的人生體驗課，我需要具備更多的耐心和愛，學習以無條件的陪伴，等待時間到來。我發現在人還是有難成的事，我們在不斷受挫中學習保持「信念」，相信有一天小孩會學會站、學會走路、學會看到圖案能用手握筆畫出來，以及學會用剪刀剪一直線。

七年後小孩順利的跟上發展進度，可以上一般小學了，我也收掉自己的斜槓小生意，回歸職場工作。第一次帶五百名員工、第一次跨產業來到完全陌生的零售品牌業、甚至後來到新創旅遊業，我發現那七年為我養成了許多好習慣。我喜歡正面迎擊挑戰、我不怕未知領域、我擁有成長心態、我能夠堅持信念不受現實影響，生涯規劃原來還是有的，只是並不掌握在我們自己手裡，苦難的背後都是祝福。

人生很長，我遇到的魔王關卡也不少，常有人這樣問我：「當你遇到人生大魔王的當下，很慌很亂的時候該怎麼辦？」

我會允許自己抒發情緒，不要壓抑，這很重要。

舉例來說，我在產假期間常常哭。我當然知道坐月子時不能哭會傷眼睛，但是我就是想哭，我關在房間裡看著前一天拍照的照片，看到小孩的樣子很心疼與內疚，我就想哭。那段時間我覺得自己沒有憂鬱症發作是因為我允許自己抒發情緒，我沒有壓抑也沒有假裝自己沒事，這很有效，因為我需要一段時間才能平復。在這以前，別人的安慰不是傷口撒鹽就是無濟於事，我需要一個自己的時間、空間好好抒發一頓。太過熱情或是太愛講閒話的人，允許自己先離他們遠一點，你的悲傷不必成為別人的談資，脆弱時要懂得保護自己。

還有一個重要的提醒是，你不要覺得自己聽到的、自己網路查到的、自己所知道的是一切真理，因為天底下還有很多未知領域可能讓你的結果不一樣。

當時在網路上找到關於腦室出血三級或極低體重早產兒的資料都會嚇壞我，再比對自己小孩的狀況，說真的沒有一位媽媽會接受。一開始我也很焦慮，但後來我逐漸找一些新的醫學中心資料，找到醫學博士研究腦傷兒，知道如果寶寶還小可以藉由刺激達成腦細胞發展進而取代受傷部位的功能，我彷彿得到一線曙光，接著尋找所有可能性，找出越多最新的資料越能幫助自己緩解焦慮。如果照顧早產兒、對抗孩子腦傷後遺症是人生大魔王，那麼我手無寸鐵當然會焦慮，因為我在生小孩之前根本沒有任何相關背景和知識啊！

我們在面對人生大魔王時，精神更應該花在對抗上，再來是維持在這段時間持續做一兩件你很喜歡的事情，不要讓時間被焦慮、悲傷或是負能量填滿，例如：瑜珈、精油按摩、跑步、煮飯、買衣服或是喝咖啡……做什麼都好，只要是能夠讓你開心的事就好。不要小看正面情緒的力量，它可以療癒我們受傷、需要撫慰的心。

7

全職媽媽同時斜槓小生意，為自己創造更多可能

我的兩個小孩都是早產兒，年紀差一歲半，因為很多回診、復健等等工作，所以我自己帶小孩成為全職媽媽七年的時間，不甘寂寞的我一開始是因為要繳房貸，加上從出社會後一直以來都有個人財務三表（現金流量表、資產負債表、損益表）的記錄，不想一直坐吃山空、看著存款數字減少，所以我做了許多有趣的小生意，還請另一位兼職的全職媽媽擔任助手，設立一個資本額只有二十萬的個人公司，接一些公司行號訂單與談合作。那七年的收入不亞於上班族，並且讓我在不管是電商應用、數位媒體、社群、平台應用都有實作經驗，重新復出職場後，可以無縫接軌，甚至更能謹慎花錢、了解實務上執行的問題，與可以更有效的操作行銷。

一開始著手的是母嬰用品團購和木製玩具的生意。因為當時人在中國蘇州，認識許多浙江的工廠，我經營社團開立團購，還上架台灣的團購平台，不知不覺就越做越大，小孩睡午覺、晚上睡著的時候，都是我忙碌的開始。後來因為訂單太多請同社區的蘇州媽媽幫忙，我每個月支付月薪讓她幫我利用她照顧小孩的閒暇時間包貨出貨，當時物流空運很快，服務好品質又好的商品完全滿足網路上的消費者，透過客戶好評回購與推薦，我幾乎不用廣告，生意就做不完了。

那段時間從選品、買樣品、行銷素材製作、行銷推廣、採購、驗貨、出貨、客服、接單和財務對帳等等，全部都要自己來、自己經手，創業家精神的啟蒙就在全職媽媽那幾年開始。後來我還做了Yuki Bakery手工餅乾這個網路品牌，很多人以為是請工廠生產外包，但其實是我用三台家用烤箱手工製成，一週只開一團，月營收就有十萬，實在驚人。因為主顧客很多，尤其同時在買玩具的客人也會來買餅乾，我後來開設親子烘焙課，讓小朋友可以學做餅乾，也得到熱烈迴響。

接著還做了能量飲料的網路總經銷。這是和朋友合作的，由代理商倉庫出貨，轉單上架平台的部分由我來開發，也因此認識了平台的商品開發業務，藉此推廣更多品類上架，有時候業務也缺商品，會直接問我能否幫忙找貨。這些市場第一手資訊都很重要，所以平台業務的關係一定要經營好。

最後幾年，我們從蘇州回來台灣生活後，以前工作認識的房地產客戶剛好要找網路行銷的主管或顧問，就請我每個月撥一點時間去他們公司開會，同時也去預售屋案場走走跟他們交流一些意見，這份收入很可觀，工作也讓我很感興趣，因為藉由這個機會跟他們內部團隊合作，會更有上班的感覺，同時因為預算大、成交量大，可以從教學相長中，學習更多。我很喜歡當年這份顧問工作。

很多朋友想全職帶小孩，卻又擔心經濟問題，或是擔心會不會脫離市場導致最後脫節，小孩長大後無法再回到職場，因此猶豫不決。其實要不要脫節是自己的選擇，並不是有沒有回家成為全職媽媽的問題。很多人一直在職場上也是脫節啊，因為一直在執行手上的工作，沒有接觸外界市場，也沒有持續進步，直到轉職時才發現這個殘酷的事實，反而造成轉職困難。相反的，我是一位在家照顧孩子七年的全職媽媽，不僅自創幾個不一樣的小生意，還學習新技能，甚至剛好人在蘇州，在新的環境找到員工小幫手、找廠商、找物流商，學習到的技能比以前更多。只要維持一個健康的成長心態，沒有任何原因能阻止你遠離市場或是脫節、被淘汰，「全職媽媽」絕對不是原因，妳的個人選擇才是。

因為小孩睡著的時間很寶貴，所以我很懂得切分工作、懂得利用零碎時間高效率的工作，這些都是經過七年的練習得來的。我不會因為環境吵雜、突然被小孩中斷、事情很多、時間很趕、工作不順利（例如物流寄丟包裹）或廠商商品有瑕疵等等問題而惱火，我總是不疾不徐的處理每一件事，優雅滾動在無數多個角色和任務裡。因此，後來復出職場時，我除了要擔任一個品牌的負責人，還要接手集團的電商負責人工作，一個人有兩張名片、兩個身分。除了收回來直營的品牌要改造，還要幫忙導入集團所有牌子上電商平台，和自建流量與網站，這些事情多又急。

一開始我也很亂，但我從來不會因此影響心情或是發脾氣，後來回想，應該是那七年的鍛鍊讓我多工運行無礙，利用零碎時間也能高效率工作，不然其實以前年輕時，我是很沒耐心的呢！

鼓勵所有全職媽媽們，照顧小孩的時候可以想些小生意來做，或許時薪算起來不高，單位產出跟上班相比看起來也不划算，例如我的團購玩具或是做手工餅乾，要花很多時間卻沒有上班好賺。但是這對於自我學習、與外界接軌、持續現金流還是有意義的！還有一點很重要，那七年我的財務三表仍然維持健康成長喔！

8

成為更成熟的工作者，是七年全職媽媽帶給我的人生好禮

當全職媽媽的那幾年，一開始都專注在孩子照顧上，後來因為寫部落格和辦媽媽聚會，認識了許多媽媽朋友，我大概是少數有名片的全職媽媽，當然是我自己印的。沒有稱謂，上面除了印名字和聯絡方式外，還會加上小孩的名字，例如：小豆媽媽、語芯媽媽……這樣的字樣，好像當媽媽之後，大家都會這樣稱呼我，尤其在媽媽圈子裡。

除了媽媽社交圈很活躍外，有幾年跟小孩一起待在中國蘇州，當時跟台灣媽媽、蘇州本地人媽媽、或是社區外地人媽媽交朋友，新鮮事很多，讓我當媽媽的階段也不孤單，發名片的機會比上班還多，偶爾舉辦媽媽寶寶聚會，重心就算還是在小孩身上也不至於無聊。

為了把照顧小孩這件事做好，我幫小朋友他們安排每週課表，就很像居家幼兒園一樣，每天按表操課，忙得不可開交，教學包羅萬象，是五育均衡發展的教學安排。我幫孩子安排的自家校外教學是搭公車出門的，蘇州冬天很冷會下雪，我們不只不怕出門，還會在社區堆雪人！從職場女強人形象變成一位媽媽，從認真工作轉變成認真生活和帶孩子，我沒有花很多時間適應，可能這就是當媽媽的天份吧！

因為小孩是早產的關係，我才辭掉工作扮演全職媽媽，這都不是在計畫中的事，但既來之則安之，後來那幾年也是我人生中很幸福的親子時光。有異地生活的經驗，結交另一個媽媽圈子的朋友，這些人生體驗得來不易，在別人看起來很辛苦，但在我來看甜美的時候還是比較多。

因為我專注眼前的任務，沒有經過太多調適，只是想把事情做到最好，單純的心不必想太多。聖經上有一句話：「一天的憂慮一天擔。」意思是說，今天煩惱今天的事就好，我覺得很有道理。但人性就是習慣未雨綢繆，為未來焦慮，其實那些不太需要瞎操心，事情也不一定會發生，該操心的事情常常令人意想不到。我們就等球來了再接招就好，心思單純一點，人生也會更豁達一點。

後來自己做做小生意、接接數位行銷和電商顧問，一直到復出職場時才發現還是有很多工作機會。全職媽媽復出職場的人才競爭力並不會因為消失在職場幾年而有所改變，除非妳選擇讓自己離開職場就離開市場，不再持續學習、不再社交、不再自我學習。我後來都鼓勵女性在每一個階段做自己最佳的選擇，該結婚生育就趕快去做，像我這樣不得不自己照顧孩子，也放心安穩的去。人生不必擔心失去的，只要專注眼前並且享受其中做到最好，人生過程就是每一個人的最佳組合。我復出後還是當了外商總經理、新創公司營銷長，而且管理上因為曾經做了全職媽媽七年而更成熟、更懂得如何溝通，跟以前女強人的狀態不一樣了，這是全職媽媽帶給我的人生禮物。

9

凡事並非勤練習就能做到，沒做到不見得是不夠努力

我的早產腦傷小孩從小就開啟復健之路，並且因為大動作和精細動作的加強訓練，五歲起除了復健治療，還開始去道館學跆拳道，經過這麼多年不間斷的努力，得到了跆拳道比賽銀牌、金牌。這個真實故事固然振奮人心，但大家不知道的是，他也曾經在一場準備充份、做足練習的比賽上，因為失常只拿到第六名，大哭得讓人心疼。育兒的陪伴讓我學會凡事不能只鼓勵結果，得名固然值得開心，但成績是一翻兩瞪眼的，有很多情況不能掌控，反而應該要鼓勵孩子在過程中努力、堅持與進步。這件事也讓我後來在帶領團隊時，更加注意我是不是有在過程中適時的鼓勵、觀察各個戰士們面對挑戰的態度與堅持，並且適時的提供支持與鼓勵。

那場拿到第六名失常的比賽，發生在兒子小豆八歲那一年。當時已經練了三年，出場比賽很多次，之前的最佳成績一直維持在銀牌，這點讓他很不快；每一次比賽前，他都會跟我說，他這次立定志向要拿金牌，但三年來屢屢失望。總算來到八歲這一年的比賽，也是教練評估他最有機會奪金的一次比賽，但比賽的其中一段，他因為太想得名、太緊張，而在動作中失誤，最後才會在總計成績上落得第六。

教練安慰小豆說，中間打錯還有第六名獎狀可以拿，表示真的打很好，若沒打錯一定有前三名。小豆在會場紅眼眶泛淚、點點頭表示知道了，看似沒事的他，沒想到一上車之後狂哭，我第一次看他哭得那麼傷心、那麼大聲，才完全明白那是一種懊惱，以及對自己的高度期待落空，媽媽沒有打擾他，就讓他哭一下。

始終以金牌要求自己的孩子，其實會很辛苦的，但是我告訴自己說：「小孩的選擇媽媽要尊重，媽媽能做的就是無論成功或失敗都陪伴著他。」

一直到有一次帶他回去醫院追蹤，做早產兒發展評估時，兒童心理師觀察他的測驗與互動狀況，才提醒我：「媽媽，妳平常照顧他的時候，是不是總是目標導向，只鼓勵最後的結果啊？妳以後可以多多在過程中提點他，讓他知道自己踏出一步、又一步有成果了，你有看到他在努力了，這樣做會對他比較好。」

難道沒拿到金牌就是失敗嗎？難道第六名很慘嗎？拿到金牌的人就一定永遠會比銀牌的更厲害嗎？還是下一次有可能翻盤？很多態勢都會改變，但唯有努力不能改變，所以我們應該鼓勵努力、堅持下去的態度，看到事情已經有進展要很開心，而不是永遠只看結果的對於得到那面金牌的追求。

後來我重新回到職場後，發現育兒教我的管理特別適合用在年輕人身上。我和年輕同事們的年紀差了快二十歲，有時候我的嚴格要求、成果導向，會造成他們的慌張與焦慮，當然適時的壓力是好的，但焦慮到亂了陣腳就不是好事了。我靠育兒學會的不只是專注結果、同時看重過程；我明白結果就是一翻兩瞪眼，該檢討的地方要做，那是我們成長的機會，但同時過程中的努力也不要抹滅。

終於，兒子在十二歲那年拿到了金牌，是教練安排他和道館很強的隊友們組隊，靠著持續不斷地練習才越來越強，最終一起攻下金牌。解了金牌任務後他很得意，當天還戴著金牌睡覺呢！他從五歲比賽一直到十二歲整整七年，才拿到了金牌，七年漫長的等待很熟悉，就剛好跟他出生時因腦傷的遲緩花了整整七年才追上一樣，好巧，都是七年！

這七年的磨練心智就像在考驗我們的信念夠不夠堅定，在這漫長的考驗中不斷挫折的練習，也讓我們覺得耐心要夠才能等到目標完成那天，太早放棄就與金牌沒緣了。

人生很多挫折後來都發現是禮物，就像這些育兒的日子，一個個的挑戰打碎了我的驕傲。以前我總覺得凡事只要勤練習就可以做到，沒做到就是不夠努力，後來我才發現，很多原因會造成一個人「做不到」，即使只是太過緊張都會出錯。

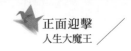

10

好好道別，離開的女兒教我珍視身邊的每一個人

人生總要經歷幾次困難的道別，例如情人分手的道別、父母的生離死別……這些都是每個人要經歷的。而我要說的是一件在我人生中深藏心底的遺憾，也和道別有關。

每年我第一個女兒的生日也是忌日，我都會想起她……她美麗的五官如同天使一樣，手腳纖細像我一樣。當時我因為承受不了突然的打擊、沒有足夠的心理準備，無法接受她的離開，當醫師將她抱到我懷裡的時候，我摸一摸她，看著她呼吸越來越急促，我知道很快她就會離開了。懷胎的時候天天摸著肚子和她說話的我，竟然在最後一段告別的時候，把她交還給醫師，說「我累了……」，醫師把她接走的那一刻，我嚎啕大哭，懊惱自己連告別的勇氣都沒有。

因為自責沒有保護好她、加上沒有好好的說再見，我在那之後整整哭了兩個月，想起她孤單的在產台旁小桌子離開、想起最後她被裝在一個紙箱裡、想起自己連好好跟她再見的勇氣都沒有，好多好多的遺憾時常在深夜裡揪著我的心。

神愛我安慰我，每一晚的大哭逐漸釋放了我的悲傷。當然還是會難過，尤其每一年到了這個時候，但是人生一定有遺憾，生離死別也無法避免，只能釋懷。在這一次之後，我告訴自己，未來不管遇到什麼情況的道別，都要好好說再見，因為再見是不能重來的。

有些人遇到這樣的事，會看淡很多事，但我相反，我反而更看重很多事，我把家人放第一，覺得只要活著就好，其他都可以努力，沒什麼大不了的。後來早產的小孩需要長期復健我也不害怕，我珍惜家人、朋友、身邊重視的每個人，也常常參加告別式，因為，告別的機會錯過就沒有了。

對於人生中很多無法預期的事情，我學會要控制自己的高期待。當年是入門喜，我蜜月回來就懷孕了，雙方家庭都很開心，大家都覺得是好兆頭，因此備受關注，我自己壓力也很大。後來如此的自責，不只是和孩子的告別，還有面對高期待落空的悲傷，以及許多莫名加給自己的壓力，這些都因當初的期待而生，在悲傷上也就不斷加乘，花好久好久的時間還無法療癒那種失去小孩的苦痛。人生中很難掌控的事情有太多，即便我們有小心安胎，還是會早產；即便我們注意了這個、那個，不該發生的事還是發生，順其自然的發展下，出現很多我們無法控制的結果，但我們又很難告訴自己這是美意，因為一點都不美，我們好像只能控制自己的期待，以及面對這種悲傷時要如何慢慢走出來。

二十一週的小孩生出來已經很大了，家人不敢過問我太多細節，但三姑六婆似的長輩朋友就不一定了，有一次竟然有初次見面的長輩朋友問我：「聽說妳之前懷了二十一週的早產小孩沒救活？那小孩生出來的手腳

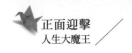

都長好了吧？有多大啊？」

那時我能維持風度沒翻臉，實在很佩服自己，但我很想用眼神殺死她，到底是多麼白目的人，才能問出這種話？悲傷時，記得不要給這種三姑六婆的人有機會再撕你傷疤，尤其是尚在癒合的時候。

十多年過去，我也曾經去探望身邊早產的朋友，出於真心的關懷才是我們該做的行動，至於那些三姑六婆的人，還是離他們遠一點，白眼他們都可以。

PART 2

做名好戰士，你以為是刁難，其實都是禮物

總是在臨危授命的同時換個角度想，
如果我是公司最能相信可以打贏這場仗的人，我是不是一枚好的棋呢？
勇敢接下臨危授命的挑戰，是我的其中一個標籤，無所畏懼。

1

一通事不關己的債務電話，讓全家賺到一年的環島旅行

多年前有陣子遇到間接被波及的財務問題，讓我們全家一起環島了一年。

當時辦妥二次的戶籍地址變更，還在原住址做滿了安全措施，只是希望能盡可能讓這次的財務波及到我們為止，不要讓討債公司打擾了家中同住的家人。辦完事匆忙南下本來約好要住朋友家的，半路才知道朋友說長輩擔心受牽連，可能沒辦法讓我們借住幾天，此時我天真無邪的兩個小孩，還真以為車上滿載行李是要出門遠遊了，但我一邊在路上、一邊才在焦慮著找接下來幾天可以留宿的地方。

「我跟妳說，討債集團是沒有分大人小孩的，債權我已經委託了，奉

勸妳最好把小孩藏好、躲好啦！不要說我們狠……」

回想我接到那通警告電話的前幾天，才知道即將被波及到一筆債務，雖然債務本身並不是和我有關，但被討債集團鎖定上，就是一連串麻煩的開始。我盡可能做好一些準備，保護好台北的家人，然後就帶著小孩開始一整年的流浪。一開始大部分的人都怕惹上麻煩，不見得願意給我們留宿，但也有幾個大膽的朋友，清出房間叫我跟小孩趕快過去住。有一位早產兒媽媽朋友撥電話叫我趕緊去她家，抵達時我看到二十四小時到貨的購物箱子，才發現她不只為我們收拾房間、還訂了全新寢具，迎接我們到來。在那段情況不明、比較危險的日子，我連手機都不敢開，深怕被鎖定訊號，以及每天一連串疑神疑鬼的內心小劇場，甚至走在路上感覺有人跟著都會很緊張。

除了這位朋友以外，我還去屏東住在潮州另一位早產兒媽媽的透天厝，她跟先生也是為了我們特別從原住民部落下山跑去潮州打掃，只為了給我們住，這些都是銘記在心的雪中送炭。

當時小孩還未上幼稚園，可以有一整年的時間在全台各地鄉村Longstay，是完全不一樣的人生體驗，和大人的緊張感受不同，他們十分開心。舉例來說：在屏東滿州鄉租房子，住了四個月，房東有好幾百坪的草皮，後面還有一座山，在草地附近的平房帶給我們與都市不同的生活。生態豐富、攀木蜥蜴隨手抓，還有附近溪流泡水也是夏日炎炎的重點活動。有一次女兒去村裡的鄰居家，鄰居家的母雞生下小雞，女兒抱抱摸摸後，對方竟然大方說要送她一隻帶回家養，媽媽我差點昏倒，為了勸她退還，花了很大的功夫。

之後在高雄住在另一位早產兒媽媽家，由於跟她學做烘焙，北上才有能力做Yuki Bakery那個手工餅乾的品牌。回想起來那一年是全家很難忘的回憶，只是起頭竟然是因為那通被牽連的討債電話和出於對小孩的威脅，讓我嚇到連夜離家求自保。

後來這波債務問題的源頭解決了，我們才放下心中大石頭，從南部返家。在這一年除了小孩要回醫院追蹤、回診，我要北上去跟平台、供應商開會外，我們幾乎都在偏僻的各種鄉下地方，各地方的村長都以為是地方青年返鄉，期待我能夠留下來發展，為鄉下地方帶來新穎的商機或是發展，但可惜最後沒有緣分，我除了網路生意繼續做以外，沒有在任何地方留下事業或是貢獻。

因為環島的一年裡太過自由，每天山上、海邊、溪邊跑，小孩早已放飛自我，所以回台北的時候有些不適應，第一就是膚色太黑，常被誤認為原住民，這個問題在南部時也常常發生，被大家當成本地人，我其實覺得不錯，認為這才是環島最好的收穫。第二就是小孩不習慣穿鞋跟襪子，因為他們都是一雙浴室拖鞋就跑得跟飛一樣了，鞋子跟襪子很久沒出現，突然回台北後要穿上，很痛苦，一下喊熱、一下子說好緊不舒服。

我自己小時候是跟阿嬤住在雲林鄉下長大，特別能體會在鄉下長大小孩的幸福之處，很開心我的小孩也可以在學齡前有這樣的體驗，老大還因此晚了一年上幼稚園，但一切值得。

這兩年疫情的關係大家都Work From Home遠端辦公，但是我在當年環島的那一年早就實踐了Work From Anywhere。在海灘、在草皮、在小溪流都可以開會、工作，多虧那被波及的債務，讓我們全家賺到一年的Gap Year環島旅行，也要謝謝當中好幾個曾經接待我們、請我們吃飯、留宿的朋友們，這些事我永生難忘。

2

想在屏東滿州鄉開親子餐廳，結果白忙一場

環島的一年裡有很多精采故事，首先要先講到我和滿州鄉一片大草原的相會。有時候人生會在你低潮時，給你一段很特別的禮物，是那麼意想不到又驚又喜，但也可能在你很興奮，覺得人生快要因此而改變時，才發現上帝關起門要給的那一扇窗，並不是眼前這一個，所以窗又被重新關了起來。

全家還住在恒春的時候，某日在一間小餐廳吃飯，隔壁來用餐的夫妻也帶了孩子來，於是兩桌的孩子玩在一起。

我女兒Kitty交際能力一流，可以說是屏東一帶的小交際花，不管去到哪裡，她都會主動和小朋友或大人釋出善意，主動過去打招呼。很常去餐

廳的客人以為她是老闆的小孩，再加上她下來屏東曬得很黑，黑得像原住民及當地人，所以更加的有親和力（當地人對自己人和觀光客是二種不同的對待）。

小朋友玩起來了，我們大人也跟著聊天，一問之下，原來他們是當地人，在恒春開燒臘店，聽了我們親子餐廳的構想後建議我們去滿州找店面。原因是第一，恒春的地太貴，無法建構出我們期待的空間，而滿州地便宜；第二，滿州有一堆空屋，因為年輕人口外流，所以房子都沒人住，只剩老人，要租到便宜又環境好的地較有機會。沿路上遇到一位醉醺醺的先生，引導我到很美的一片世外桃源，那草地又大又美，房東是一位老先生，邀請我們坐下泡茶、聊聊天。

我一開始就想租下前棟草原旁邊的一層樓平房，有二間六人房通鋪，一間客廳、一套衛浴和一間廚房，住起來一定很舒適，至於做生意的地點，可以就近找找。老先生很開心，他說歡迎我們租下來，因為他沒有出租過房子，只有做民宿，但是民宿生意一直不好，三棟總計五間房，一個月只有一萬多的營收，光請園丁一個月就要二萬五了，入不敷出，聽到這裡我立刻說：「那你把前面那棟租我，你剛好也多點收入好不好？」於是我付了訂金，準備回恒春去搬家了。

從搬過去草原的第一天起，我們每天都和老先生聊天，聊很多我們親子餐廳的規劃和構想，突然有一天，我提起不妨就在我租的那一棟平房來做吧，也可以帶動整個住房，這裡草原那麼漂亮，也適合親子活動，此時心裡已經有了一個藍圖。

老先生很有興趣的聽我說，但是也很擔心我們會血本無歸，彼此討論了很多天。他帶著我們去拜會當地很多老鄉長、民意代表，向他們提到我們想在他那裡開親子餐廳賣下午茶和當地食材的風味簡餐，老鄉長和民意代表吃驚之餘十分興奮，因為他們自己家的年輕人都出外去城市打拚了，留在村裡的不到五百人，且大多是老人，村裡想要有什麼發展根本不可能，現在來了台北的年輕人想留在這裡打拚，他們太開心了。於是，隔天就積極通知屏東縣長，縣長也承諾他們開幕派對會來站台，替這個村莊行銷一下，讓我們的餐廳能很快帶動地區觀光，引來一些觀光客源。

但是，本來我們只是準備到南部後給孩子一個快樂的童年，生意慢慢來，規劃每週二週三公休，帶孩子一起體會犁丁之美，我還想挑公休的半天去兼個代課老師教電腦，貢獻所學……。這些全部被這些村裡長輩否決，他們說：「你們要專心做好餐廳，不可以分心，要用心、全心投入才對。」於是我們的小餐廳，變成了全村的希望。

接下來的幾天，因為我希望使用在地的食材，老先生帶我們逐一拜訪需要使用的食材供應農家，並讓我們去實地看看，一方面可以當餐廳特色，一方面是希望能幫助當地村民，既然都是要買，跟當地村民買還能幫助他們的經濟。所以我們去探訪了放山土雞的人家、吃牧草的黑毛豬、船長的海釣魚，山上的水牛等等，還買了一些回來試做各式料理，嚐嚐這些食材的原味。不過，雖然每一樣都超好吃，但土雞肉一斤一百八，推出二百多元的簡餐想要賺錢是十分困難的事情，更別說海釣的魚，高貴的一斤要五百，這種成本應該很難回本吧？為了品質和價位，我們每天都在討論應該怎麼做。

接著我們談好六月初動工整修房子，我很幸運獲得我好友Chloe的支持，她和她老公Ivan在台中開室內設計公司，聽到我玻璃屋餐廳的夢想，立刻決定要下南部來幫我設計施工，因為沒什麼預算，她老公還打算自己當工人施工替我們省錢。很快的他們開始測量丈量然後繪圖，做3D圖面，我們也密切的跟老先生討論這個屋子的設計。

開工的前二天，老先生說他太太二天後要下來屏東，她久住高雄，很少來。突然冒出房東太太，我嚇了一跳，隨後問老先生：「您太太對於我們要開餐廳的事情會有意見嗎？」他說：「不會啦，她很支持，我都跟她講過了，她比較擔心你們開在這裡沒生意，會虧本啦。」

於是我們本來要簽合約的，想說還是等他太太過二天下來再簽好了，畢竟都沒見過就和先生簽了合約，似乎有點不太尊重人家。這二天的時間，我們和Chloe及Ivan跑了很多供應商，去東港Eva舅舅的建材行，還去了萬金附近的玻璃廠，了解大概的材料和價位，做好萬全準備之後，等待動工。

週末晚上房東太太終於到了，我們分享想法和設計圖面，她都很滿意，還跟我說：「那個漏水有二個地方要修一修，還有那個地板呢？會換掉吧？那廚房地板呢？廚具呢？會用新的吧？」其實這本來都在我的規劃之內，本來也就該換的該修的，所以也都同意由我來整修。接著她說：「嗯～是這樣的，我覺得我先生給你們租的金額太低了，如果以民宿一晚五千來算，二十天滿房就有十萬的收入，他才租你們那麼低，我覺得太少了，應該調漲。」咦～房東先生不是說之前一個月總共三棟才一萬多塊收入，而且我們住進來半個多月，一組客人都沒有耶，我心裡納悶著不好意思直說。

此時，本來坐在隔壁桌的房東先生跑來，氣急敗壞地跟太太說：「妳怎麼這樣，人家還沒賺錢，妳就想漲房租，我們應該要支持他們年輕人先做起來再說啊～」之後兩人快吵起來了，於是，房東太太說了：「那房租不漲，我只要租三年！」

我和她大致表達我的想法，如果在那麼偏遠沒人潮的地方，投資了一筆金額，只簽三年合約，那麼這間餐廳一定會很難做得起來，盤算著一天就想獲利的事，怎麼會成功？我希望簽長期合約，長期合作的概念才是我們一直以來的討論基礎，此時我發現一切都翻盤了……。

當晚的草原，依然壁虎叫青蛙跳，但是我似乎什麼也看不到，什麼也聽不見，我彷彿忘了我怎麼從草原走回屋內的了。當然，親子餐廳沒開成，我們也離開滿州鄉了。總是一頭熱的我，在這個事件上學會：不要在人生遇到重擊時，就自以為往後的每個機會都是神開啟的一扇窗，想要緊抓不放。

3
在蘇州那三年，改變的並不是視野，是適應與包容

「我從黑龍江來的，我們那裡冷呀！比蘇州冷太多了……」住蘇州那三年，常常在帶小孩去社區公園玩的時候，遇上不同年紀、不同地方來蘇州的鄰居。我們住在蘇州工業園區的金雞湖畔，算是蘇州一個有名的大社區，整個社區有上百棟大樓，住戶十分多。

某天遇到黑龍江來的一位奶奶帶孫子在公園玩，因為當時一胎化還沒解禁，他們家也是爺爺奶奶、外公外婆、爸爸媽媽只顧一個孫子，彙集六個大人喜愛的小孫子，像大家呵護在手掌心的肉，奶奶這會兒從黑龍江來蘇州照顧他，之後換外公外婆從其他地方來蘇州照顧他，奶奶才能回黑龍江的老家去。像這樣子的長輩超級多，不是特別案例，當然我也常常看到

小霸王就是了，尤其是被長輩帶的孩子，後來遇到了就會稍微閃一下，同時也能夠理解他們的成長背景所造成的現象，比較能釋懷。

我在蘇州那三年除了結交許多本地人朋友以外，還有許多從外地來工作的年輕人以及像奶奶這樣來蘇州照顧孫子的長輩，因為他們對於台灣的了解大概只有媒體上的訊息，以及台灣明星，所以常常會問我關於台灣的事情。蘇州的外地人和本地人有很大的差別，我很快可以觀察出來；本地人還是有一種特殊的氣質，而我所住的園區和古城區也有很大的不同，園區時髦先進一點，後來家附近還開了誠品書店、新光三越百貨公司等等，而古城區平江河畔也是我每週都會去的地方，有蘇州本地好朋友就住在那，還有畫家、藝術家的朋友。

人在異地生活的好處就是永遠聽比說還多、永遠維持高度的好奇心，尋找多元背景的討論與見解下有什麼異同。尤其在中國，難免對於台灣的政治話題有一些敏感，這些都在那三年有一些練習與磨練。後來自己在旅遊平台和多國夥伴一起工作時，也比較能夠適應並且享受異地生活，耐心溝通、接受彼此意見的不同。換個地方過生活，改變的並不是視野，因為世界還很大，只看這麼一點點怎麼能稱得上視野呢？而是適應與彈性、包容。

蘇州的外地人很辛苦，很多人多半是從比較辛苦的內地老家來到蘇州，生活花費高，要存錢不容易，有人還要寄錢回老家，所以我學會找好幫手的習慣。例如社區健身房遇到的阿姨，我固定請她下班就來我家打掃，她是北方人，很會做麵食，我就請她從桿麵團開始手作韭菜盒、小餛飩、餃子等等，每個月來打掃跟做飯、包餃子，一個月下來花不了多少錢，但多了一位就近照顧的好幫手。樓下一樓的保全先生，我請他幫忙我拿貨、拿包裹，雖然這些本來就是他的工作範圍，但是我因為有在做團購，貨量比較大，就會請他吃餐盒或是找機會多給一些費用。這都是能力範圍內不算大的支出，但對於人在異鄉又帶著孩子的我來說，只要孩子爸爸上班忙碌時，我就多了很多好幫手幫我做許多事情，也有人就近照顧我。

以致後來去日韓出差我也學會每次到達後，先跟當地同事與當地夥伴花時間溝通和相處，適應上不成問題，建立信任後，也比較可以幫助大家解決困難並且凝聚共識，一起完成任務。

有些人說我很體貼，要感謝我曾經在外派出差或是海外居住時遇到的那些人，教會我許多。包含那位放下黑龍江熟悉的生活來到蘇州、只為了幫忙帶孫的奶奶，因為她，我才知道在中國許多父母心中最重要的就是兒孫；或是那位遠從外地到蘇州工作，生活壓力大、要寄錢回家的健身房阿姨，由於當地薪資差距與高消費的水平，能多一小時幾十元人民幣收入，對像阿姨一樣從內地到大城市的人來說是那麼重要，也會願意做更多，做得那麼好。而日本同事教會我，他們對於個人名譽與評價是那麼重視，溝通時面對他們的抗性，有時並不是他們不接受我們的建議，而是我們採取的方法不對，要如何保全他們的名聲，並能讓他們在對的方向產生行為改變，是一門藝術。

我常常回想起那段當年在蘇州生活的日子，很有趣。如果有機會的話，大家可以爭取外派的機會，因為誰也不曉得在海外的日子會遇到哪些人？會交到哪些朋友？給了你什麼靈感或是刺激？至少我在蘇州三年去過周圍許多地方，很喜歡那種又古又今、外地人本地人融合的社會，多了很多很美好的回憶。

4

第一次接的年約客戶，讓我成為「屎缺專家」

我第一次接年約客戶就是一個沒人想接的客戶，這個董事長自己看細節、每場會議都參加，但情緒控制不太好，常常開會摔筆、丟椅子、罵髒話，後來導致沒人敢接，主管就安排換給我接手試看看。

我每次跟他開會前都要深呼吸好幾下，他們會議室的門上有凹洞，就是有一次他開會生氣丟椅子的時候，丟到門上弄凹的，這個客戶在我們密切合作下，我就這麼服務了一年直到年約執行完畢。聽說他雖然開會時老愛罵人，但私底下很誇獎我們，當年我二十歲，二十多年過去，我還是記憶猶新他每一次開會說的話、生氣的點和想要改變的問題。

「我一個網站新會員的成本要一百塊台幣那麼貴，我乾脆去路上發錢算了，加個會員一人一百不就得了，哪還需要請你們來做？」

「我的廣告為什麼不可以直接固定放在首頁搜尋旁邊這個位置？為什麼我要跟別人輪流出現？我投資很多耶！我就不相信其他家比我出的錢多！」

「你他媽的，這種效果也敢拿出來講喔！你們算一下這個投報率！」

「馬上！我要你馬上過來檢討討論！」

我當年二十歲，手上除了這張年約客戶，還有一堆專案型的大客戶、電商客戶，同時有好幾個年約，忙得昏天暗地的同時，業績雖然超好，但常常要被這位陰晴不定的董事長叫去罵。我從來不回嘴、也從來不因此抱怨生氣，因為我沒有時間，連睡覺的時間都不夠了，只能盡可能的滿足這位董事長的需要，按他的想法調整方案，時時回報，不敢漏接他任何一通電話，以免他又大發脾氣。

不知道是不是我剛做業務時接了這位貴客，磨了一年，因此被訓練出來抗壓性，後來的每位客戶，我都覺得超好溝通、人超級好，在我的世界裡，別人說的「奧客」，在我來看都是「恩客」，相比這位董事長，至少不會亂罵人、突然發飆或是罵髒話、丟椅子。

後來他離開崗位後，我們沒有再接觸，幾年後聽說他自殺了，讓我很震驚。我一直在想，會不會他當年就已經是生病的人了？只是我當年太年輕才二十歲，沒有想那麼多，只希望趕快按照他意思修改，盡可能不讓他生氣，但後來回想或許這就已經不是正常狀態了，應該要勸他去看醫師才是，但即便當年知道也沒有那個膽量講出來吧！

後來在面對壓力的時候，我特別在意主管、同事、合作夥伴的狀態與心理健康，我常常會問：睡得好嗎？健康檢查如何？會覺得壓力太大嗎？因為每個人的承受度不一樣，我覺得還好的壓力，可能在別人來承擔就已經快要爆炸。

但像我這樣內心強壯的人，其實一直在承擔更多別人眼中的「屎缺」，所以也越練越強，最後總是被當成拆彈專家，要衝鋒陷陣在第一線，不管是難搞的事、擺不平的人、衝突不斷的合作關係、已經有誤會而互看不爽的合作夥伴……都會變成我負責的範圍。後來想一想，可能這就是我自己找來的吧！我不排除、不對屎缺說不，後來就變成「屎缺專家」了，那也是另類的特殊專長，很難被取代的職場能力，因為這不只是能力問題，更需要的是意願問題。

輕鬆的工作不會讓我做太久，三間公司換過十幾次名片，從二十歲開始的這個年約董事長，就是我歷練的契機，如果他還沒過世，長大後的我，應該會再找他聊一聊吧！

5

主管工作就是人前見總統、人後刷馬桶

「人前見總統、人後刷馬桶」，這句話是我一位公關經理同事說他看了一本書，裡面提到公關自嘲的說法，但其實不只公關業，每一位主管也都是這樣。

中階主管、高階主管都很難當，夾心餅乾真的只有好看而已，有苦說不出。但是你的角色超級重要，大家仰賴你的時候，又要勇敢扛起責任。

人在不同位置，視野與風景當然不同，格局不太一樣可能和角色有關。要一位執行者有老闆的思維高度根本很難，但我們這些身為主管的人，就要想盡辦法拉近組織上上下下的距離，才不會越走越遠、越走越散，最後就真的散掉了。

「你們要跟我有同樣的高度，要想說如果你們在我的角色上，該怎麼做？」早上老闆正苦口婆心的提點大家，我一邊記住這些老闆要溝通的事情，還有開會討論後我要推展的業務、內部跨單位需要我們團隊協助改善的事項，以及幾件事情不大，但要好好處理或花時間一個一個溝通的內部衝突。

但壞消息是，我打開行事曆，這週全是滿的，一點點時間都擠不出來。

我有兩個選擇，一個是再壓縮時間把更早的、中午時段的、晚上的時間都拿來處理尚未排進去，但如上述要溝通、推展、處理衝突的事情；另一個選擇是放掉一些溝通的時間，交辦任務就好，不要花太多時間說明前因後果，那些只要一封Email、一個訊息就可以搞定，但我不想這樣做。因為不同位置不同腦袋與思維，純發佈任務、純粹當裁判仲裁內部衝突事件的作法，只會讓團隊越走越散，我也會少了和內部同事建立關係、信任基礎的機會，反之或許在討論中可以得到大家更多的資訊與意見，會讓我們的案子更順利。

當一位主管有很多類似「人前見總統」的這種事情，要見重要人物前得先請人梳妝打扮弄頭髮，但一轉身可能就「人後刷馬桶」；或許是要面對業務抱怨業績分配不公、行銷單位覺得業務單位開發的商品不好推沒競爭力，或者溝通有疏失造成兩個單位主管本來的誤會加深，需要出面說明潤滑一下，不然就是重要合作夥伴誤解，需要帶隊去開會說明這類大大小小的事情。

執行者在專注任務本身的時候，很難有主管的視野，即便他希望有一天可以變成主管，換位思考還是很難做到，這是可以想像的。但主管的功能就是要溝通、傾聽與耐心開導，讓執行層的同事可以跟組織與老闆對焦，而不是各走各的路，互相誤解對方。

「我不想跟同事A合作、我也不想賣這個服務。」有次一位表現優異的同事直白的對我說。

「為什麼?」我明明知道他可以做得很好的,所以很疑惑。

「因為上次同事A竟然做了……,有夠過分!這個服務客戶根本不需要。」同事再次加強語氣跟我說。

拆解一段出了問題的內部關係,往往會導出很多環節,這些都是架構上、管理上可以優化的地方,每次我聽完之後,都很有收穫。只是常常行事曆上都是「見總統」這種類型的大貴賓會議,我的「刷馬桶」行程沒有時間卻也要騰出時間,只希望硬擠在中午時段不會讓我消化不良或是拉肚子。

我很少把自己的管理責任擺下不管,總是會在情況還不嚴重時就趕快出手,所以團隊步伐整齊劃一連「一二一二」的口號聲都很一致,但即便如此每天還是有超多夾心餅乾主管該做的事。

有沒有什麼好方法可以幫助上下的鴻溝不要那麼大?

其實也是有的，黃金圈的理論我很常用，以Why起頭，而不是以任務內容來跟前線作戰夥伴溝通，往往可以讓他們循著老闆、公司的頭腦與思維來管理接下來的計劃。久而久之，企業與老闆的願景目標就會更深植於團隊的心。

下次「刷馬桶」的時候我會記得跟自己說，我們是為了讓彼此更加理解彼此，所以還是繼續挽起袖子認真刷吧！

6
空降零售業主管前三個月都鴨子聽雷，卻養足了能力

一定是運氣太好，拿到Offer Letter的那天，我好奇上去網站看公司針對這個職缺的用人條件，洋洋灑灑列了一堆，很好啊！寫得很不錯，但我沒有一條符合，不管是要有十五年零售品牌管理經驗、最好有包包配件類別經驗，或管理幅度要管理過幾百人大團隊等等，我全都沒有，這不是運氣太好是什麼？

然而興奮只有一下下，進去上班後，我開心喜悅的拿到我從年輕就喜歡的比利時猴子包包牌子的名片，是「品牌負責人」耶，好開心喔！接著每一個月跟國外月報時，無論是財務長、生產供應鏈管理主管或是亞洲地區總裁問我的問題，我幾乎都沒辦法回答，不是因為我不知道答案，是因

為我連對方的問題都聽不懂。

零售業有太多專業用語、縮寫，還有各種知識不足的地方要惡補，只好求助我的主管、前輩，一個一個追著大家問問題，但是零售業該學習的東西太多，無邊無際的，當我抓了這個，好不容易全搞懂後，下個月月報又被追問其他的，我就又呆住了。

除了專業知識我都不懂外，這家公司是純外商，很在乎多元文化背景員工的融合，每次開一個會議，遠端有各國口音人士來詢問問題，大老闆是英國人，財務主管是美國人、法國人，還有其他歐洲國家的人，大家都對台灣市場好奇，從各種面向以各種口音發問，我前幾個月好難招架啊！

再加上當時還有另一個身分是要兼任集團多品牌的電商負責人，所以要開發電商通路時，除了商務方面公司要同意外，還要準備一堆文件、寫一堆報告去跟策略長、資訊長開會，取得同意。一關一關被問到的問題真的很多，有時候也會因為沒有準備充足而被問倒的情況。我常常心裡會出現很多聲音，例如：「你快點給我核可，我要趕著上線賺錢，好不容易條件談得那麼好耶！」但常常事與願違，還是要在一堆推進的過程中，耐心溝通、準備齊全，後來我發現在一間外商上市公司，學習控制風險跟賺錢一樣重要。我後來成為集團另一個大品牌的總經理，該學習的地方更多，也更常被問倒。

跳出舒適圈有很多選擇，但如果你跟我一樣是跨產業又接手涵蓋很廣的職務，那麼前幾個月鴨子聽雷真的是常態，這也造成我在後來的工作中，對於新加入公司的成員特別有愛心的原因，我總是在開會後會特別留下來問新同事：「剛剛講的內容你懂嗎？不懂的地方都可以問我。」

曾經我也是靠著前輩、同事的支援才度過那段難熬的日子啊！

後來我也發現，在一個純外商的環境，使用非母語語言來溝通的時候，一定要提早準備輔助工具，例如報表、投影片、影片、照片，幫助大家能夠了解你的溝通內容，同時也可以提早把資料給大家，讓大家有機會準備一個有品質的問題來問，而不是隨機發問，這樣才能帶出有品質的討論和有建設性的成果。

大概三個月到半年，我就把所有零售業專業名詞、縮寫代表什麼涵義、店櫃數據每天要盯哪些？什麼時候該找什麼單位去討論什麼事情？任何生意方面的困難，搬救兵該找誰比較快？全部熟悉了，生意也順利的蓬勃發展。我覺得自己很幸運，但公司也覺得幸運，這次選球選得不錯，打了一顆冒險的好球。

跨產業的知識落差真的很大，我有時候也會自我懷疑，如果這輩子沒有要一直走零售業，我到底要進來學這個產業到專精幹嘛？我怎麼不去發揮自己強項的數位行銷、電商能力呢？但後來跨界了幾次，才發現這些體驗才是最好的磨練。

我可以在未知領域摸索並且樂在其中，我可以透過自學、求助他人來快速學習跟上產業資深前輩，我能夠忍耐前期自己很像笨蛋一樣，連人家的問題都聽不懂卻不會慌張，更重要的是，我養成了對新人的耐心與同理心，因為自己跨界多次，都是這樣走過來的。

在環境、產業都變化很大的現今情況下，你的專家技能、產業知識都可能變成過時的資訊，但自學能力和持續不斷攝取市場資訊，有很好的態度、協同合作的能力，這些才是職場必修學分，鴨子聽雷是個過程，養足了我許多能力。

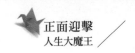

7

臨危授命N次後才明白，在大公司上班，你要當一步好棋

剛進零售業時，很多人不相信我是因為那個比利時猴子包包才進去的，當時那個牌子剛要從總經銷收回直營，品牌要重新打造、團隊重新佈建、新品重新採購、櫃位要重新整理，該收的收、再重新開適合的店櫃，我完全不懂這些事情，只知道要做這個牌子，就興奮的答應了。因為我從小是這個牌子的鐵粉，家裡有好多這個牌子的猴子包包，感性的人做職涯選擇果然跟別人不一樣，我就是想做一個自己喜歡的牌子。

很幸運的在接手之後，生意扶搖直上，新品廣告也很成功，不僅新客人吸收不少、舊客人也很捧場，這當中其實不全是我的功勞，但我剛好當時就是這個品牌的負責人，所以就記功在我身上了。做了大概九個月，我

開始熟悉所有細節，去總公司聽新品、下訂單採購、看陳列、還有發展電商通路與數位行銷等等，都大致上手，跟團隊也有默契，有了革命情感。有一天大老闆跟我說：「妳是一個好戰士，所以要去大戰場。」我才剛把團隊的人補滿、訓練好，把店都順利的開出來，團隊士氣激勵到最高，經銷商的庫存消化得差不多，都還沒有喘口氣，竟然就要我馬上放手。

我被邀請去接手一個集團內營業額最大的牌子，足足大了我本來品牌的五倍以上，員工數大概五百人左右，也是市場上很知名的品牌。那時我明白老闆、公司的營運壓力，也明白自己必須承擔更大的責任與使命，在職場上連續很多次臨危受命、轉調N次的故事，讓我知道，不管你對原來團隊有多大的感情、對品牌多有愛，你個人的一切都不是重點，公司目標在哪、就要立刻去哪才是重點。在大公司上班，你要當一步好棋，隨時可以移動的好棋。我大概隔沒幾天就搬去新座位坐了，帶著不同的團隊、開始看不同的商品，而且還是以男性客戶為主的鞋子和服裝。每天看著更複雜、品類更多的銷售報告，來不及參與我之前買貨的新品包包上市、來不及參與經銷商的展售會接單大會，那些事情都再也與我無關。我眼前的任務已經改變，要趕快追逐著才剛剛接手，往自己目前任務單上的目標衝刺前進，而這就是在大公司上班的常態，一切以公司戰略目標為目標，能用得上的戰士是必須隨時能上戰場的。

在第一份工作的公司待了九年，一開始是在一個台灣公司的新創單位，因為被併購才變成外商的，後來也是隨著公司階段目標，轉調到各單位去，有時候同事會討論說：「你看那個誰誰誰要去守冷衙門被冰起來了。一定是因為得罪老闆或是表現不好。」但是我當時的副總說過一段話，讓後來身為主管的我很有同感：「最辛苦的仗，要派最優秀的戰士去打，因為失敗了公司會知道，這不是人的問題，是因為時機點不成熟、資源不足夠，或是對手太強。但如果是派一般人去打困難的仗，很難排除是人的因素。」這段話對於一直被調派任務的我來說，很受激勵，我自動帶入自己應該是屬於優秀的戰士吧！所以公司要一直把我從舒適圈調開來，去打拚貧瘠的土地，開墾未知領域，因為我是他們可以相信的優秀戰士。

後來自己當主管了，也是會不斷把重要且困難的生意給優秀的夥伴，可能大家都開玩笑說又在發卡了（分配任務的意思），但事實上，在分配過程中，也是在肯定、認同夥伴的能力！

總是在臨危授命，到處任務轉來轉去的同時換個角度想，如果我是公司最能相信可以打贏這場仗的人，我是不是可以配合當一枚好的棋呢？

說到這裡，大企業除了因應組織目標會給予新任務的調派以外，針對人才培養還有一套人才發展計畫，如果是重點栽培的人才，會依照時程調派到不同角色任務、不同國家，做不同規模大小的品牌、參與不同的品牌發展週期。例如新品牌上市、新收購已成熟的牌子需要轉型，或品牌年輕化、想打新目標族群女性客戶等等，而這些任務都會被記錄在人才發展的資料歷程上，被人事部門好好收整著，做為長期培養人才庫的重要資訊。

出社會二十多年來，我其實只在三間公司服務過，但因為一直轉調新任務，所以擁有十幾種不同類型的名片，從行銷專員、專案主任、業務經理、總經理、品牌負責人、電商負責人、營銷長、副總裁等等，各種不同任務的轉調都是公司的一步好棋，也是自己能力培養的軌跡。所以下次當你接到轉調任務時，要提醒自己是一個被認同的好戰士，而不是被冰起來或是外放邊疆，心態擺正確了，才能在各戰場為公司所用。

放下總是得到更多。我後來也不規劃職涯了，反正公司要怎麼發展、出缺什麼樣的人才，沒人說得準，我就繼續扮演移動的好棋、隨時可以調派戰場的好戰士，二十多年來也沒有發展得不好啊。總是勇敢接下臨危授命的挑戰，變成了我其中一個標籤，無所畏懼。

8 空降主管是不討喜的人物，無視你？剛好而已

可能是一直被調派不同單位的原因，我常常處在空降主管這個角色上。二十幾歲時最誇張，有一次我空降去的團隊，是一個以男生為主的業務單位，當時前任總經理在乎學歷，所以找了許多美國名校畢業的高學歷菁英，每一位年紀都比我大十歲以上，他們覺得公司派一個學歷不如他們的年輕小女孩，是在侮辱他們。

開會時，每個人都無視我，但因為要扭轉目前的生意狀況是沒有蜜月期的，所以我必須調整情緒，趕快著手改善計畫、調整組織，找到方向、引進新人力，對當年才二十幾歲的我來說，真的是很大的挑戰。後來我發現每一次調換部門和任務時，我都要再面臨一次同樣的挑戰，而且一次比

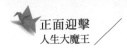

一次更嚴峻，公司往往不會把我放在同一個地方太久，我可以說是空降主管專家了，常常被調來調去。

後來在零售業空降總經理時，團隊中都是從基層做起，年資超過二十年、十幾年的優秀夥伴，被我一個比他們年輕又沒經驗的女生帶領，說真的換成是我，心裡也會難免不服氣、有聲音。這麼多次的空降，讓我學會接納大家暫時可能想觀望，看看你能熬多久，或因為負面情緒而影響的態度與行為，我學會要快速建立關係、凝聚共識，從他們身上學到過去的經驗與跌倒的原因，不讓公司空轉或是讓反對聲浪燒起來影響進度。

「當一個人想要改變的時候，改變才會發生。」有一次海外的人事主管跟我聊天，這句話點醒了我。有時候我們在空降主管的位置上被無視、被對方的傲慢無禮對待，這些暫時的包容雅量與懷柔政策都很好，但當對方持續沒有想要改變時，一切情況都不會有改變，無論我們給予多少時間。

練好心理素質後，想完美降落的空降主管建議可以去看一本書“The First 90 Days”裡面有提到新手主管要注意的事情，要如何與內部跨單位結盟，確保自己內部支援系統到位？如何確保初期的成功，給大家耳目一新的信心？如何持續保持心理正向，誰能在低潮時持續鼓勵你？了解自己能力上的缺口並且安排快速學習計畫、了解直屬主管的期望值與持續對焦……。說真的，空降主管這個角色的確不討喜，但我常常都在扮演這個角色，創造改變、扭轉局勢。好處是自己因此培養了許多革命戰友，每空降一次就又培養一群新戰友，桃李滿天下算是職場上空降久了之後最好的收穫。

大家以後有機會成為空降主管的時候不要害怕，被無視？真的剛好而已。

9

追逐無止盡的優化與完美是一種病，要有病識感，適時放過自己

你不可能什麼都會，所以不要養成主管的指導病和一群只敢點頭稱是的團隊。

這幾乎是每一位當主管的人最容易犯的錯誤，就是無止盡的追求完美，再好的成果總是還可以提出優化的方向和角度，這種吹毛求疵、雞蛋裡挑骨頭的毛病，來自於主管天生就是為團隊好的心，也希望大家繼續針對已經奪得先機的生意或是專案，持續趁勝追擊擴大規模，不然太過可惜。

很少有主管會有病識感，即便像我這樣已經是時時刻刻都會自省的人，也難免落入追求完美、優化的毛病，通常陷入這種情況時，都不會自

我覺察，尤其身邊又佈滿只敢吹捧自己、不敢說真話或是搞不清楚狀況的新人，這個時候可以觀察到的就是身邊的人才越來越安靜，大家面對主管的指導，逐漸開始只點頭稱是或是一片靜默。所以，想知道是否得了指導病且開始病入膏肓沒有病識感，可以從開會開始觀察自己說話時其他人的反應。

老實人朋友很重要！

我在團隊裡結交了不同組別的老實人朋友，常常會請教他們意見，有些是畢業後的第一份工作，尚未社會化，有話直說；有些是跟我工作許久，敢勇於表達，他們的共同點就是，當我問他們意見時可以毫無保留的表達，我稱為「老實人朋友」。

「早餐會雖然好，但每次案例如果都差不多，大家會覺得流於形式，就不想參加了。」

「因為覺得妳好像喜歡有話題的商品，所以大家都會努力朝有話題的商品去開啊！但其實妳更重視的是數字！」

「為什麼妳總是要承受這些不公不義？妳知道這樣我們也跟著倒楣受影響嗎？」

「自從這個客戶開始找上妳之後，都不理我了，有夠現實！」

「妳講的這些如果可以做，飯店早就做了哪輪得到我們？政府都有規定的好嗎？」

瞧！老實人朋友講話可以這麼直接，直戳痛處，也提醒我許多。每次我的指導病又開始的時候，很快就可以恢復健康，都靠這些老實人朋友直接戳我，讓我從自己的世界走出來。

我們當主管的不可能什麼事情都懂，也不在市場第一線，常常我們講的建議虛構假設的條件太多，想要憑過去經驗下指導棋很難，還會害團隊多頭馬車、繞遠路。團隊中新人太多的時候這種情況更嚴重，因為沒有人敢說真話，所以任何時候都要確保我們身邊有足夠的老實人朋友，這對我們的管理迷思、盲點還有自我進步都有幫助。

如果身邊都是一群點頭稱是的人，那麼身為主管的人可能很安心、心裡很舒服很踏實，但這不僅是留才危機，也是公司浪費人力資源、錯失生意良機的最大原因。我自己是一個追求執行力的人，這種情況會更為嚴重，我以自己的例子提醒大家，沒有病識感沒關係，至少要有敢說真話的老實人朋友在團隊裡，而且千萬不要只有一個。

10

當主管過度干預，只會留不住真正有才華的人

「官大學問大」是傳統管理下的迷思，常見的現象就是一場會議下來，非專業、似懂非懂、憑著一點點資訊的高官，手癢插手做決策，甚至翻轉團隊花了好幾個月研究後的定案、調整一整組人前進的方向。試想公司已經花錢請一堆專業人才，卻要他們做出來以後，必須經過一個或是一群非此專業、但是做了很久的資深主管來看他們的案子，是不是很不合乎邏輯？但這種現象其實還不少。

在自己的主管路上，對於這種常見情況一直是很警覺的，尤其在帶領越來越多人以後，常常我在會議上的一句話會影響到的層面遠超過我的想像，所以如何保持傾聽的好習慣，不要隨意下判斷，多問多了解，是我始

終一直提醒自己要練習的。而想要改掉這種毛病，除了身為主管的我，自己要學習控制發言外，如何學會授權給專業人才，讓他們為結果負責，這件事也很重要。

扛責任的人會為了我的指令或意見不夠貼近市場需要，當場提出反駁、事後持續找我溝通，這都顯示他們正為了推動一個更好的方向努力，是一個好現象。身為想要打破官僚、打破官大學問大、希望吸納更多專業人才的我來說，要能學習在會議上就事論事討論時，不要太敏感、不要因為團隊成員提出意見相左的看法就覺得沒面子或是被冒犯，這些都是主管要學習的基本功。

一位成熟的主管，應該以公司的成敗為最高指導原則，自己的面子、感覺都是虛無縹緲，不切實際的，只要把「成功是唯一方向」的想法時時放在心上，自然就可以接納各種專業建議。也願意承認身為主管的我也不可能凡事都懂，還是需要專業人士團隊主管來做對的決定，而不是讓有才華的人離開，只留下一群點頭稱是的員工。

為什麼主管喜歡凡事干預決定，有才華的人絕對待不住，尤其是現在的年輕人？

因為非專業來領導專業，這絕對是做不出什麼好作品的，對這些人才來說，如果在工作上不能實現自我的最佳表現、作品也不好意思拿出去給別人看，那麼薪水再高也待不下去。至於那些只是來上班領薪水為五斗米折腰的團隊，當然樂意由主管扛責任，反正只要照做就不會出錯，錯了也是照主管說的，再改就好。但擁有一群各領域專業的人才，和擁有一群說一做一的執行人員，差距是很龐大的，尤其在一個數位時代變化快速的環境下，和傳統產業不一樣，憑執行上的優化絕對勝不過因為領域專精所帶來的創新和進步。

由於帶的人多，我常常提醒自己，若不控制好自己喜歡指導他人的成就感，深陷其中，那麼團隊長久下來的依賴絕對不是好事，除此之外，還有另一種主管病也是我時時警惕不可以犯的錯誤，就是無止盡的優化與完美性格。

我對自己的作品一向很有要求，所以在我的標準裡，看一份投影片、一次書信往返、一場會議甚至一個行銷素材，我都可以找到一大堆可以優化的點，至今每一次外部會議結束我都還會自我檢討，剛剛哪一個部分沒有表現好？下次應該要準備一個輔助說明的圖表等等。這是我對自己的要求，總是很高標準，但我們不能忽略一件事，就是要把年輕團隊的各項專業程度拉到與我們對齊，那麼他們的時間都拿來改這些也改不完，讓他們陷入無止盡優化、符合主管的完美性格，這也是一種主管病。

生意不等人，哪些才是當下真正重要的事？這是需要拿捏的，並不是我們希望專業水準降低，而是務實一點接受「目前只能做到這裡」這個事實，但我們必須持續進步，哪些進步必須趕快修正？也有輕重緩急。

如果今天急著要去見客戶，但手上看一份成員的投影片要從第一頁改起，每個字都需要改，那就乾脆不要用投影片會不會快一點？我後來發現自己追求完美的性格和無止盡優化的毛病，是被自己治癒的，因為當你帶三五個人的時候可以手把手教，但前線打仗正在如火如荼，備援戰士還在場邊雕花就大可不必，直接上戰場吧！有趣的是，結果也是勝仗，只是當看到過程中處處充滿優化改善機會點，我得要忍住就是了。

當主管的毛病真的很多，但光自我治療這項我就已經贏了不少。

11 吵架的藝術是讓彼此正視問題，冷靜都各自想想，才吵得值得

掛上電話，二人都氣急敗壞，算是少見的情緒化衝突場景。隨後Line開始響個不停，對方一直打來，衝突後立刻化解比較不傷和氣。但事情不要拖真的比較好嗎？

我會選擇嗆聲完不要持續性潑婦罵街，但也不要急著和好，讓彼此冷靜的想一想，吵架才值得。

先講一個輕鬆的動怒小故事，其實事情也沒那麼嚴重，但我火一上來，家人閉嘴不再談，讓我的火沒有繼續燒起來。

有一次我們全家去福德坑滑草場玩，也才一個小時，是大概只有十組家庭來過的冷門時段，我放在滑草場的滑草板竟然就這樣被別人帶走，

當下我超級生氣，堅持要報警，被家人笑：「也才多少錢？有必要嗎？」沒想到家人這個反應讓我更氣，馬上回答：「不管多少錢，都不應該拿走別人的東西，這是不對的。我就是要去報警！」此時的我像愛生氣的小孩一樣，被激怒得暴跳如雷。

當下我氣呼呼地開始拍下所有簽到的人的證明，記下時間，真的打算要去報警，家人看我氣炸了，放我一個人冷靜，也不想跟我爭執。後來離開滑草場時，車上的家人全數靜默不再提滑草板的事，反而討論起晚餐要去哪吃？一直到市區，我氣也消了，也沒去報警。

我知道家人的想法是損失不大，不用為了幾個滑草板浪費時間或生氣；但我當下的感受是，就那麼十幾組人也會有人拿走別人的東西，大家是怎麼了？我要揪出小偷。因為大家都有留下簽名和聯絡資料，也才十幾組人，一定找得到。再加上家人回我的那句話，讓我覺得更生氣，更想去報警。但事後回想，自己也覺得好笑，可能太生氣了吧！不然時間寶貴，做錯事的人讓神去責罵他，不用我也不用動用公共資源去抓小偷。

我很少生氣，但遇到不合理的現象或是某一些神經被激到，還是會表達不滿，甚至嗆聲。對我來說，嗆聲完的潑婦罵街太傷元氣了，我不會這麼做，但我也不急著和好。就像文章一開始說的，兩人吵架掛電話，就沒必要趕緊打來繼續吵，即使外界看起來像是還在冷戰。但我的想法是，既然已經採取強烈的反彈來做為溝通手段，那麼不妨讓彼此正視這個問題，都冷靜各自想想，這個架才吵得值得。不得不說，有時候太溫和的人沒有發脾氣，很多事情就無法引起重視，這大概是人的壞習慣，時間有限時都只想處理棘手的事，也只好用「發脾氣」來解決。

吵架也是有藝術的，對我來說，要吵得值得，就要確定吵完之後該表達的、彼此該接受的訊息、該妥協的地方，都有明確的結論，不然架白吵了就算了，問題還是沒有解決，衝突不斷的傷害，比彼此冷靜還要嚴重，當下急著和好真的不急，長久的解決之道才重要。

12

職場上那些潑髒水的事，拍拍就好

我不提倡以牙還牙、以眼還眼，要挖坑給我，我就跳；要潑髒水，我拍拍就好。

朋友常問我幹嘛不辯解？幹嘛不閃坑？我說，那多浪費時間，假裝跌進坑，讓人家稱心如意開心就好，大家來去忙各自的，不然對方還要浪費多少時間重設陷阱和坑。

朋友聽了常直搖頭，覺得這是職場軟弱的表現，其實我不這麼認為，我反而覺得是當你強大到無人可傷時，那些坑和髒水根本傷不了你，何必在意。

邱吉爾曾說過：「如果你停住而對每隻狂叫的狗丟石頭，你將永遠不會到達目的地。」

我把那些潑人髒水、挖坑或設陷阱的人當成什麼？我不好說，但我有我要去的目的地，無法花時間和他們周旋，我可以拍一拍就好，沒關係的。

「那些事不澄清，對妳不公平，而且會讓人誤解啊！」

懂妳的人不可能相信，如果不熟的人相信，那也顯示他們有多麼愚昧，而那些半信半疑的人，正可以考驗他們的觀察力和判斷，反正別人的誤解不要放心上，我們應該著重在眼前的道路和目標上，不要花任何一點時間停下來。

「那妳都不生氣嗎？」

以前的確會，但後來看懂了這一切，就不生氣了。每個人都有他的目的，為達目的不擇手段的人其實不少，但多數人是善良的，如果我們擋在別人通往目的的路上，才會成為目標，別人會出手，就是想把阻礙搬開，只是手法粗糙時，會傷害到不小心擋路的我們。時間久了，我就懂，能閃可以閃，讓路給人家走，人家自然不會針對你；如果閃不了，那可以想想怎麼兩全其美，萬一路太小，怎麼閃都閃不掉，就只好當個箭靶，別太在意了。

有一些我明知道他對我潑髒水的人，我還是待人和氣，原因是看懂那背後的目的。通常他會對我潑髒水，對別人也會，所以靜觀其變就好，也沒必要以牙還牙、以眼還眼，一陣子看他怎麼對待別人，就會發現手法都差不多，總會有人出手的事情就交給別人，我們專注在自己的道路上就好。生氣真沒必要、以牙還牙更沒必要。

職場上該學習的事還有很多，出社會時間越久，越能理解這職場社會的奧妙，也越能理解這些年輕時覺得莫名奇妙的事，背後都有著別人的劇本。你在意了，就成為別人劇中的配角，但你的劇本還在等著你這個最佳女主角或男主角呢！

PART 3

不要小看年輕人，新創即是拋開過去，攜手一起走

我在Z世代年輕團隊的帶領中學習許多，
得到更多帶領年輕人的能力、更多包容心和耐心，
也在每一天進步中修剪自己完美主義的性格。
年輕一輩不想走前人的路，做不一樣的體驗是他們打從心裡的目標。
先放手而後放心，是我在新時代中學會的不一樣的管理。

1

你不必Ready才開始，請鼓起勇氣接受任務與挑戰

十九歲加入網路公司，當年也算是新創團隊，開始帶團隊不過二十出頭，就掛上經理的職稱，有一次親戚跟我要名片，我拿出來後，他們驚呼：「原來妳那麼年輕就在大外商公司當經理喔？」

我媽馬上補充了一句：「他們公司不是掛經理的，都是掛總監啦！」

全場大笑。

但的確在網路圈的外商、科技業、外商金融業、新創團隊，很多年輕的副總裁、經理、總監，千萬不要被這些頭銜嚇到，為了拓展市場、為了能跟大企業合作，這都是職務需求必要的。

如果你覺得自己會因此而心虛，有冒牌者症候群，請不要擔心，也不

要因為這樣就害怕，凡事不必都等ready才開始，只要沒有比你更完美的人，就要勇敢接受挑戰。

當年我掛經理頭銜時開始帶人才畢業沒幾年，應徵面試者常常長我五歲、十歲以上。有時候帶業務出門，看起來他的年紀還比我像主管，但一路上也是這樣走來，成績優異表現可以讓大家充滿信心、破除年齡與資歷的迷思。後來我也提拔過好幾個Country Manager，相當於一個國家總經理的職位，他們一開始也很緊張，但事實證明努力找出我們能做的市場定位與方向，還是可以勝任的。

年輕的時候比較沒有包袱，敢突破敢創新。記得當年老闆問過我：「我們網站上那麼多合作夥伴的生意做得那麼好，但我們都是把流量給別人，幹嘛不自己做？」

我傻傻的回了一句：「他們每間公司都幾百人在做，我們誰做？」

老闆說：「妳啊！我給妳人，妳來做啊。」

我一聽傻住，當年二十出頭歲，畢業沒幾年，老闆怎麼敢信任我可以把這一整個新事業生意做好？究竟是老闆對我太有信心？還是我自信心不足？

可能是年輕時候就被如此信任與看重，我後來也這麼栽培團隊的年輕人，讓他們有機會發光發熱，不管年齡與資歷，敢衝有能力的人就可以站上擂台。反正成績會說話，有數字自然可以站穩舞台，這些都是我年輕時的經驗，也是培養自己快速成長的過程。

如果你也有機會越級打怪，主導一個新市場、新生意，或是有經理、總監等管理職出缺時，請務必好好把握，不要害怕自己還沒準備好，因為大家都一樣，包括我，主管功力絕對是需要靠實務經驗磨練的。

2

外商總經理辭職加入新創：創業或新創？發揮自己價值

在我的人生中，正式的工作排除打工、顧問，出社會二十多年其實只服務過三間公司，常常被年輕同事說是神奇的古董，因為他們可能畢業後工作三、四年就超過我的總數，在這個年代只換過三間公司的人簡直神奇。

這之中工作轉換最大的，應該是從外商總經理轉職到新創公司那一段。

印象中剛剛報到沒多久，我前一份工作的同事們來辦公室看我，說是談合作，但其實也是來看看我好不好。當年我們在一間舊舊的大樓中擠到水洩不通的辦公室，我的位置是一個凸出來走道的座位，每個人經過我的時候都要側身閃一下才能通過。相比以前在外商總經理有自己漂亮的辦公室，還有漂亮的窗景和沙發可以接待訪客，簡直天差地別。前同事們看完除了傻眼也很心疼，一直說我看起來像「落難」，完全不懂我幹嘛待在這樣的新創公司。

「天啊！妳怎麼可以接受？這樣怎麼行？」我的前同事都覺得不太妥當。

但當時我完全沒有任何這樣的感覺，新創就是要把資源都留給市場拓展、服務優化升級上，像辦公室這樣的事情，在初期不是最重要的。當然，後來我們規模更大，辦公室搬家後，漂漂亮亮的環境好了很多，但那也是熬了好多年，公司生意蒸蒸日上後才逐步改善的。

「百廢待舉」、「要做什麼都沒有ready」、「資源不夠」、「人員都很年輕沒經驗」一開始最不習慣的時候大概就是這樣，要自己從頭做到尾，一邊撿掉球、一邊提升團隊能力；一邊招募、一邊控制成本同時完成高成長目標。我本來就是一個衝衝衝的人，討厭無聊、喜歡新事物，所以新創這幾年雖然累，但很有成就感與滿足感，可以說得到的最佳報酬不是別的，而是工作本身。

在外商要設定目標，一定是從底層堆疊上來，目標、策略和方案都講求要合理，但在新創要求高倍數成長，為什麼能做到？自己都很不可思議，這是兩者很大的不同。要做高成長，就不可能只用舊方法，用舊方法堆疊出來的效益可以算得出來，一定不夠成長的要求，所以還要持續添加新的方法和策略，這也是新創很有趣的地方。舉例來說，多年前我們決定串接數位支付的時候，都還沒什麼人使用，但現在出門沒有數位支付多不習慣啊！能一直接觸新服務、新市場，真的很令人興奮。

我算是幸運的人，很早投入職場、很早開始理財，財務無虞後，可以不完全按照薪資來選工作，找一個喜歡的環境與舞台發揮，充滿熱忱和新鮮感來面對新創挑戰。如果論薪資、福利、穩定度和長遠發展，我應該會選擇外商總經理繼續熬下去，但我卻選擇創業之路，而後加入新創團隊，回想起來還是覺得這個職場大轉彎超級值得。

當年從大辦公室光鮮亮麗的辦公環境，轉換到了一個有歷史的廠辦大樓，座位數不夠而坐在走道上的往事，至今還是有很多前同事提起，但他們現在看到我們多年努力後的成果，從震撼轉為佩服，也有很多朋友羨慕新創的創新與彈性靈活的文化。

在外商帶領的都是資歷完整的主管，來到新創都是社會新鮮人居多，這也讓我在Z世代年輕團隊的帶領中學習許多，得到更多帶領年輕人的能力、更多包容心和耐心等待大家成長，也在每一天進步中修剪自己完美主義的性格。很多年輕同事會直接跟我說：「老闆，妳這個梗很老耶！」一開始傻眼，後來才明白，這就是年輕人溝通的方式，假來假去多浪費時間啊！

3

Z世代管理：與年輕夥伴建立聯盟關係

「收！」

當你用通訊軟體傳一個想法給Z世代同事時，得到這個字的回應，就是句點你的意思。也是有禮貌、不想跟你解釋太多的拒絕法。

再彼此更熟一點之後，還會這樣：

「之前我們也有試過，給你看這個後台成效。」

或是：

「這個之前紅過了，老梗。」

對於常常想參與創意發想、新媒體討論，甚至手癢到想參與細節的主管，Z世代學會用另一種方式來提醒我：

「這是老梗，而網路過時得很快，用舊方法走不出新舞台。」

一開始加入新創的時候，時時有一種被冒犯感，也被年輕人的直接感到驚訝。後來才發現，大量合作這樣未經社會化訓練的年輕人，或畢業第一份工作就進來公司的專業數位行銷工作者，是成功的助力與起點。許多創意發想都來自於他們原生的創意，我甚至等發布爆紅了才知道他們做了這個、那個，因此更放心把主動權交給他們。他們也會阻止我提出很多不合年輕人潮流、想法的建議。

為好作品而雕琢、努力到完美的Z世代年輕人，其實不太是為了一份工作而做那麼簡單而已，而是為了品牌經營，把自己的那份工作當成事業或是自己對外的形象而細心呵護經營著。我在品牌零售業、在新創團隊都能徹底明白，那些為品牌、為行銷努力的年輕人，為什麼會每天不睡覺為了一個爆紅、有梗的題目，一個文案、活動而努力著，這件事的成果意義遠大於一切，我也和他們一同深刻的努力過、體會過。

如果你想延續職場十年，那麼身邊要有年輕你十歲到二十歲的年輕夥伴，可以每天回饋真實的意見，而不是等候你發號施令；會阻止你下老梗、風向錯誤時懂得阻止你，這些都是年輕人最難能可貴之處。

等到和年輕工作者關係的建立後，資深主管和Z世代的相處模式自然可以找到雙贏模式，而我的工作則是要負責搬資源、跨組別和部門協調，幫忙串外部人脈資源……，或是提醒一些重要但年輕工作者沒有注意到的地方。

總之，視情況來決定如何幫助年輕工作者成功，自然可以在各處攻城掠地。這是凡事掌權、喜歡發號施令、細節掌控欲很強的主管，在面對年輕團隊時要先調整的，也是我在跟年輕人團隊相處時，注意到的第一件事。

年輕人對職場發展的想像跟我們這輩很不一樣，比起公司願景、財務報酬來說，個人發展也很重要，因為他們身處在破壞性創新的年代，目睹創新的設計常常顛覆產業，科技應用也常常讓新服務彎道超車許多傳統企業。所以對這群世代年輕人來說，所謂的個人發展並不一定是這家公司、這個組織的個人升遷管道發展，更多是個人成長的部分，他們必須要時時有危機感來面對變化快速的環境，也深深知道自己必須讓能力精進到熟練，也不一定是下一個三年、五年需要的技能。

為什麼Z世代的年輕人常常在換工作？因為對自己的發展、能力有期待的人，更重視自己每一天、每一年是否有足夠的進步與成長來面對變化，而不再是仰賴組織升遷管道、單一種遊戲規則或是「公司帶我飛」這種浪漫的想像。在《聯盟世代》（The Alliance）這本書裡提及更多現狀，我受益良多，更覺得要能帶領團隊、創造優秀人才庫、組合聯盟關係，真的是新時代工作者的挑戰。

以往帶團隊的時候，找外部專家來分享並不一定受年輕人青睞，更多是找網紅、意見領袖、名人才有效果，但現在面對到Z世代這群人，我反而發現找業界真正有實力的一線佼佼者，尤其是靠自己打天下沒有背景的企業家，比起名人、網紅，更容易啟發大家並帶入新思維、創新能量。

有一次我因為工作關係，認識基隆和平島的阿傑，大家都稱呼他是和平島島主，幾乎是用熱情燃燒生命的方式，在為和平島打造品牌、做各種季節的策展，連冬天多雨的基隆，他都能與藝術完美結合，做「掀風潮」這種特色活動。三十幾歲的他標下政府這個和平島的ＯＴ案，沒有大家想像的背景和資源，全靠自己努力，最後不僅促進觀光把基隆和平島打造成北台灣有特色的景區，還在永續發展和設計獎上屢傳佳蹟。

我邀請他來跟團隊年輕人分享這段故事，後來同事跟我說那是他們最難忘、最激勵人心的一場分享，因為大家在年齡相近、一樣沒有背景的情況下，這樣的故事才真正可以讓年輕人相信：努力實現夢想是可能的！

我後來看一本書《好故事無往不利》，才知道這個激勵人心的故事來自於阿傑，他是和你我一樣沒有背景的「素人英雄」。

4

信念第一，危機反而是業績突破的商機

選擇比努力重要，是很多人奉為圭臬的職場賽道選擇。但我和一群同事在疫情期間的旅遊題目卻是：努力把錯的題目做對。

二〇二〇到二〇二一年，受疫情影響的海嘯第一排當屬旅遊業，我的老闆常常說：「疫情過後我們會從海嘯第一排，變到海景第一排。」

如果要用「熬過去」這三個字，尤其在疫情變幻莫測、未知隧道口有多遠的狀況下來度過海嘯，那勢必會非常辛苦，所以我們採取更積極的心態去面對。打從第一天開始，我跟同事們心裡的信念就沒有「放棄」，而且是要把錯的題目做對！當時前線打仗的戰隊人很多，但我記憶中在幾天內就完成溝通、一週內完成將組織從龐大架構調整為小微組織，讓小老闆（單位主管）得到授權並且選擇疫情下的國旅題目，當家做主去前線打拚，速度很快、馬上見效，甚至轉出了許多疫情下可以做的旅遊商機。

這些題目後來因為成功的規模化，幫助了我們生意回升，也成功讓團隊長出第二條成長曲線，算疫情下的特別禮物，不僅如此，對我也是新的刺激與成長。

以前在零售業的時候，有人說「商品第一」、有人說「行銷第一」、「消費者體驗第一」，但是在一片國外旅遊都不能做的時候，第一次發現手上人才包含我自己都不懂國內旅遊市場。本來給外國人玩的商品，現在要賣國人也全不對，行銷方面手法也不一樣，市場競爭者也不同，做不同題目的行銷策略都要另外想，所以當商品沒有第一、行銷沒有第一、消費者體驗也沒有第一的時候，不認輸的人該怎麼辦？要怎麼動手做？先做哪一個？這兩年讓我體會到的學習是：「越是艱困、作法越是意想不到。」兩年過去的疫情收穫其實最多。

我以前常說，生下早產兒對我的人生帶來的影響是「打碎自己驕傲」，職場女強人一切都太順，當年被迫要回家帶早產兒，讓我心中許多驕傲都必須放下，尤其是即使小孩夠努力也沒有辦法跟上發展進度、遲緩的那七年，更是磨練我的心智；疫情中的旅遊業經驗，則是帶給我「信念第一」的想法。我看到很多團隊內帶兵作戰的主管、業務、行銷高手，他們擅長的數位行銷、電商運營在疫情下應該是顯學，隨著數位人才的需求增加，有更多不一樣的職場發展來閃過這幾年的疫情。但死守著「旅遊」這題，其實是讓自己的榮耀消失兩年、甚至三年，但很多人還是守在同一個題目上，持續想盡辦法突破重圍。

當然這之中也有人離開，離開的那些人才都是我優秀的子弟兵，我給予祝福，也相信高飛到不同產業、不同公司能有更大發揮舞台的他們勢必精采，但對留下的那些人才，我也同樣欽佩，甚至有些是幫公司想到新商業機會的國內旅遊、新的行銷模式、找出以往不曾合作的重要夥伴，每一件事情成功代表的都不只是能力而已，反而都是「信念第一」的堅持。在商品第一、行銷第一、消費者體驗第一以前，還有一個更讓人佩服的，是信念第一。

我同事很多人的背景不在旅遊業，要回去數位行銷領域、電商運營管理、品牌數位化、OMO（Online Merge Offline）等等的領域其實很簡單，但因為他們沒有放棄旅遊這一題，所以我們在疫情期間做了蔬菜箱、跨境宅配伴手禮、雲端旅遊、豪華露營、親子旅遊、航空體驗營等等新題目，同時還做了很多有趣的行銷活動、數位工具，增進會員的互動、擴大產業影響力，這都是很有使命感與意義的事情。我一點都不覺得因為疫情而消失的兩三年是種浪費，我反而覺得是人生中實踐信念第一的體驗，很有學習與收穫。

「信是所望之事的實底、未見之事的確據。」這句話的意思是說，大部分的人都說眼見為憑，但唯有還未見到跡象，什麼都還沒看到的時候就

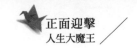

願意相信才是「信」。我們這個在疫情下錯誤的旅遊題目，還是可以找到對的方向，這才是信仰。

有一次我同事跟我說，他們被外面的人說傻，但他說，如果要說傻，他們只是小傻，大傻是Yuki（就是我），但我想，與其說傻，不如就說是信仰吧！

5

放手讓年輕人做，跟別人一樣就輸了

「以現在的人數分成十組好了，這樣行銷和商務開發可以組在一起，大家想做什麼題目？可以討論一下。」

大概就在一個那麼簡單的會議後，大家都開始分頭進行，想新題目，重新劃分、籌組團隊，有幾位同事舉手自願擔任小老闆，帶領新的團隊，當中年紀最小的女生，自願負責戶外主題，她從沒當過主管，帶領團隊裡的成員個個都比她有資歷。

我看了大家自動分組完成的新組織，有很多疑問，但大家好像都解釋得通：「你們親子旅遊怎麼那麼多人？這個題目潛力有那麼大嗎？」我好奇問了一下。

「有啊，我們有查哦，疫情前我們父母帶小朋友出國玩的，一年有幾十萬人耶，資料都有，我們光是靠滿足他們這一群人，在台灣就有很大的生意機會了，更別說還會有新客啊！」

納悶這組的小老闆為什麼將組別劃那麼大之餘，我又發現了新矛盾：「我發現你們十幾個人裡面，不管ＢＤ（Business Development，商務開發）還是行銷，都沒有一個是爸爸媽媽耶，都是單身的二十幾歲年輕人。」我問了一句。

「對，這的確是問題，但我們疫情前也是做得好啊，這點應該可以有市場數據做支援，再加上很多外部行銷夥伴支援，應該可以很快上手。」

後來幾個月內，這群年輕人就發光發熱，我們靠這一群年輕人的軍團打出很漂亮的一仗。隔年開始規模化，心臟越來越大顆，都談定獨家資源，再也沒有供應商問我們：「你們以前做出國自由行商品、賣迪士尼票，現在來跟我們合作，賣得動嗎？」

也沒有飯店或航空公司問我們：「你們以前又沒賣飯店住宿、沒賣機票，你們懂怎麼跟我們合作嗎？」這兩題在疫情期間小老闆都帶領得非常上手。

危機來臨，到底靠年輕人靠不靠得住？答案是肯定的。別再說他們韌性不夠，「毛」很多，我們這些身為主管的人，哪有辦法抓那麼多趨勢？關心那麼多題目的發展？

當他們帶領團隊開疆闢土的時候，我只能信心喊話和遞茶水、搬彈藥呢！因為題目開展太多，每個題目的合作業者都不同，行銷的方法也不一樣，市場即便有我們的機會，但都有市場的大玩家，我們這些後進者，要找到自己的角色或未滿足的市場機會，得靠年輕人去前線談了才知道。

我們做豪華露營的同事，當年說要把全台營地都開出來，還被我質疑：「一個晚上八九千、一萬多？會有人買嗎？比住飯店還要貴。」最後變成賺錢金雞母。

做水上划SUP的同事，一開始先開三個地方，後來全台開了快四五十個地點划SUP處，還分為日出、日落、跟寵物一起划、親子一起划等體驗，這都是靠同事的創意與服務體驗商在地的關係，才能快速做出這些創新的服務體驗。我常說年輕人最擅長做的，就是不參與長輩們的零和遊戲（Zero-sum Game，指有一方贏就有一方輸）。像我們這樣資深的人，想打會贏的仗、想做有把握的事，往往就落入了成熟市場的價格競爭、條件優化後的零和遊戲，比業界新奇、服務升級、價格更便宜是主要的走向。但交給年輕人做就不一樣了，他們打從心裡不想做那些長輩做過的事情，他們花八九千去做豪華露營還搭配星空電影院的投影設備租用，離島馬祖、澎湖去划玻璃船看海底薰衣草田，讓你加購離島風味的精釀啤酒，送到體驗活動的地方；別人做早鳥方案，我們做晚鳥方案，專門幫忙清掉航空公司的機位，不含住宿，讓客人自己去露營或訂民宿……。

我後來發現，我們這一輩打保守牌，打會有把握贏的仗；但年輕一輩不想走前人的路，跟別人一樣就輸了，要做不一樣的體驗，是他們打從心裡的目標。我們網站有即時評價系統，同事都會一則一則看，因為看到旅客的回饋與滿意，是他們覺得工作的價值，而不是主管對他們的滿意度；他們看重生意的本質是從顧客出發，而不是從主管的目標出發。

先放手而後放心，是我在疫情期間學會不一樣的管理。

6

多元背景的叛逆者團隊造就創新

開會的時候，常常有合作夥伴會問我：「你們團隊好優秀，都是怎麼找來的啊？什麼背景？」

我們聽到這句話往往只會心一笑，因為同事們常常開玩笑的說：「我們好像雜牌軍團。」

但我很自豪同事們雖然來自不同背景，但組合起來卻是那麼創意多元、商業頭腦也很靈活，總是能掌握市場先機。

這種敢於給予人才發展機會的勇氣，來自於我當年十九歲加入網路公司的經驗。當時大家對於網路陌生，除了對B端企業的商業應用要不斷嘗試，找出可以幫助企業商業目的的方向與方法外，還要配合公司發展對C

端用戶端的各種服務推出，試看看怎樣可以同時收B端企業的廣告費、行銷費、分潤費、點擊費等各種收費模式，而公司同時也在嘗試對消費者收取費用。我印象中有兩次很特別、影響我很多思考改變的經驗，一次是交友服務，另一次是房地產專區，這兩個服務都是當年我很年輕時有參與的案子。

當年要做交友服務時，我負責的同事表示得先有一批上線時願意每天去寫交友日記的女生，不能一直光用主網站的流量導流，怕如果用戶進去系統後發現人數太少或男女人數比失衡會留不住。一開始因為用戶不足，就先從自己公司同事找起，我算活潑也年輕，就答應成為用戶，還不能透露自己就是員工的身分。

做交友服務的製作人因為沒有相關經驗，所以只能請我們幫忙多跟網友互動、天天回留言，我自己增加了每日寫日記在版上的方式，看看能否有固定回訪的用戶，也用過很多奇奇怪怪的試錯方法，來測試看看可以怎麼增加回來的頻率，未來收費才有可能性。我因為每日寫日記一開始就有很多好友邀請，我的主管E也接到很多，兩人都有上傳照片，但看起來她的交友邀請都是太過於年輕的學生，而我的則是有質感的上班族。某一天大家討論起來，才發現原來是取名的關係：我叫做「星冰樂抹茶奶霜」，她叫做「奶茶」。結果主管一改名之後，馬上交到攻讀博士的朋友……。

後來我們在N次的嘗試中，找到以用戶為角度的服務改善建議，把這些提供給交友服務團隊以優化介面調整，也以用戶角度直接反饋回到IT團隊，即便最後這個服務沒有存活至今，但當時那種全員投入一起優化服務、參與行銷、提供內容的革命情感，與服務提昇、用戶成長的速度，讓我感受很深。即便我自己不負責這項服務，也學會了原來來自不同領域、不同部門、不同單位的人才，可以給出的建議完全不同，例如：不同的首批用戶，可以帶來怎樣不同的新用戶？願意常常回訪的用戶，關鍵在哪裡？交到女友後，服務還會用嗎？誰願意為此付費？很多疑問都在參與各種服務中發現，不同背景的人會有不同的看法，能貢獻出不一樣的價值。

另一次是房地產的網路服務。那次有趣的是全部團隊從業務單位、企劃、服務製作人（Producer）一直到做內容的編輯，都沒有相關經驗，在做這項目以前，我從來沒買過房子，也沒進去過接待中心或去看過房。但後來透過網路找房早已是趨勢，再也沒有人懷疑為什麼消費者要透過網站找房子？

當時我從廣告花費中找到房地產這一個題目，似乎是網路行銷廣告可以著墨的好題目，預算高、單價高、用戶精準，但由於團隊大家都約二十出頭，沒買過房子、沒去跟房地產代銷公司或建商提過案，那些董事長們覺得網路是他們兒子那一輩在玩遊戲用的，根本不可能透過房地產來買房。而我們團隊裡又剛好沒有任何一位有房地產概念，光是開會雙方都聽不懂彼此的點，只能努力吸收、消化，然後努力的回應企業提出的想法，但試了一季都失敗，最好的一次大概只賣一間。我還記得那次專案費是一百五十萬，等於那唯一一組的訂購客行銷成本是一百五十萬，嚇人的貴。當時我主管很支持我去闖新的產業，但也不免擔心。有一次副總跟我說：「Trial and Error是沒關係，But you always trail and error, trial and error. Result is error（你總是嘗試，失敗；嘗試，失敗；結果還是失敗）也已經好幾個月了，要不要放棄算了？」

後來，我還是沒有放棄，努力跟來自各單位的同事、主管、客戶找新方法，最後總算在那一年攻出很大的收穫，有了破億的成交金額，在往後都長長久久，成為公司賺錢的金雞母服務。這一段的收穫，在於一群沒經驗也沒有相關背景的人，透過試錯找到方法。之後為了讓服務的人有更好的使用體驗，有想過做搜尋物件引擎、主題頁、新聞與專家專欄等等，這些想法有的來自ＩＴ、有的來自做內容的編輯、有的來自企劃，有的是我跟客戶討論而來。沒有一個人的想法可以完美，但透過一整群不同背景的人，往往可以共創出不同的服務。當中如果有一位在產業太資深的專家，可能就無法讓這一切發生，因為大家會仰賴於他的過往經驗與專長，但因為沒有這種角色，所以我們一群人反而創造出當時最特別的網路房地產服務。大家都說不可能讓二手房與新成屋、預售屋排排站，族群不一樣，我們還是這樣做了；而大家說不可能說服同是仲介的品牌排在一起，我同事說對網友來說，這才結市（指地方之所以會出現市集，是由人潮的聚集所結集出來的，其與地方生活方式及文化等等有關聯性），才有效益，我們也做了，果然有成效。

我自己非旅遊業背景出身，這幾年來做旅遊，團隊裡也很多非旅遊業背景的夥伴與主管，大家有的有電商背景、品牌背景，有的是數位行銷的專長，我謹記當年的經驗，要有創新的想法出現就是要夠「雜」，要能包容彼此不同的觀點，吸納更多不同面向的人才，並讓他們有共創的機會、去體驗商品的機會，提供意見。這樣一來，每一個人都可能成為當年在交友首頁的我和我同事，可以大膽而放心的提供意見，或像房地產服務一樣，沒有人會說：「你又沒做過房地產？也沒買過房子，怎麼懂？」反而是說：「反正就試啊，大家都沒經驗，試看看無妨。」

當年在第一份工作長達九年的時間，經歷過許多部門、參與許多專案，在目前的工作也邁入第五年，無論外面的環境有多辛苦，當一群雜牌軍一起投入許多，可以參與共創、共同學習時，相信多元背景與叛逆者的團隊，一定可以激盪出更多生意機會，在工作時也能玩得更過癮，一點都不膩。

7 工作上多結交一些敢說真話的朋友

航空公司的董事長、總經理照理說是高高在上的大前輩，但因為疫情關係，彼此的關係拉近不少，也透過合作有許多的討論。一次見面時提到某個產品的銷量，他們就像我真心的朋友般直話直說：「妳心太大了，所以賣不好！」

在我工作時，這種情境其實不少，我很幸運，身邊的Z世代工作夥伴、資深主管或不同部門的同事，甚至像這樣業界輩份很高的朋友，都會對我說真話。當然，我自己要先能真誠待人、也願意接受如此真實的反饋，人家才會願意坦白跟你說想法。

那次的情況是，雙方聲勢浩大的投注資源，賣況不錯，但離目標有很大的一段距離，本來只想賣個五千元套餐，我硬是把銷售價和內容升級到九千元套餐，試圖用更好的內容賣出高價，但銷量瞬間砍半再砍半，最終大概只有目標的二成吧！

董事長和總經理很尊重我們對商品設計和市場的判斷，沒有插手太多，但事實上的銷量說明了一切，我的確是太過樂觀！下次見面時，他們建議我和團隊直接改商品套餐，把內容重新規劃，結果果然一改套裝，銷量又往上攀升，沒有白白浪費掉雙方對那次活動精心的規劃。

我常覺得工作上能結交到敢說真話的朋友是很不容易的，平時就要細心觀察，確定哪些人會願意跟你說真話，多多互動，可以得到更真實的回饋。有時候我們自己對於這些真實意見的反應，也會影響周遭的人敢不敢大膽跟你說真話，我通常會引導對方繼續說更多想法，也營造一個讓雙方可以針對事情的討論機會，不要讓對方只敢說一點點，我們還要胡亂瞎猜。

「還有妳上次情人節套餐也是，就是包太大包啊，如果不要賣那麼貴，應該以那個時間和內容，絕對是有機會的。」

董事長和總經理聊開了，又把再上一次的合作案拿出來討論，我們就像是同一家公司坐在左邊右邊的同事一樣，開始討論起上次為什麼會變得賣那麼貴的案子？我說實話，一點都沒有覺得被質疑或是被冒犯的感覺，我們那個下午大概聊了好幾個小時，就這樣一來一往，討論起所有的失敗案例和有合作卻飛不起來的航空案。那反而是一種真誠以對、有安全感的互動，我很喜歡這種感覺，因為真誠的交流才是促進雙方合作關係的基礎，如果好來好去，都不說真話，表面上看起來很和平，但雙方是不是願意真的把自己好的資源全心投入在彼此的合作上，這就不一定了。

「妳說的很有道理耶，我就很喜歡妳們的創意和想法，好，我來跟團隊討論一下，再來後續。」

反而很多合作無疾而終，都在上面那種一片好聽話的表演後結束，但商務合作與關係，本來就是在彼此一起投入、一起踩雷、一起歡呼成功的過程中一步一步累積起來的。場面話聽起來舒服，但對合作與雙方關係的推進沒有幫助，如果你習慣於一片場面話，那麼可以反省一下後來有推展的項目到底有多少？願意真心交你這個朋友的人，才會以推進合作為前題做討論。所以，如果有機會還是搞一些困難的事來合作，多結交一些敢說真話的朋友吧！

8

業績歸零後再起飛，疫情年我們重新創業了一次

疫情之後，憑藉著管理帶來的營運優化價值沒了，一年送客八百萬這種光榮時刻也已成過去榮景，面對完全不一樣的場景，打掉重練成為唯一選項。我們把原來龐大的行銷部門、商品部門、業務拓展部門融合在一起，切成一堆小微組織做新題目，我們就只能往前看。沒想到這一切，竟然讓我們發覺更多有趣的生意、做新生意的方法，還有人才的雕琢。

首先是以往只能一組團隊做商品、一組團隊做行銷，不管商品部做出來的是什麼，行銷部賣就對了，但沒有一整套整體策略的時候，很難有價格或是條件優勢跟其他平台、銷售通路相比，只能看誰的行銷手法厲害、活動吸引人、價格便宜敢殺毛利，或做很多不用花廣告費的內容行銷、自

媒體行銷等等。但重新打掉重練後，依照主題劃分清楚，談商品、銷售、行銷一氣呵成，大家速度超快，而且有了行銷推廣資源、一起共同討論的目標後，行銷效益、產品競爭力、獨家性、特殊體驗設計等每個題目很快就起飛，每一個小微組織都小步快跑，即便剛剛起步，小老闆和團隊也因為天天都在專心關注自己的題目、競爭者、產業狀況，馬上可以講出一盤生意經。

後來打出第一戰勝利的團隊，生意越來越好做，舊客人體驗後如果覺得好自然會再回來找商品。小微組織的題目是分主題的，有一種系列感；愛玩水的，一整個夏天可以從北玩到南、親子族群的也可以周周都出去玩，用戶們一定能找到適合的活動。可惜是台灣體驗，旅行的單價都不高，和以前的日本、韓國等地方相比，同樣是體驗水上活動、浮潛、出海，客單價低上許多，所以我們只能靠更多題目、更多商品的苦工來堆疊出成績。

沒有系統、沒有專門的人才，憑一股熱忱到底行不行？一開始去談生意的同事們每一個都很有拚勁，例如談「微旅行包機」的同事之前是負責日本線，當然不懂台灣島內包機行情，談離島澎湖馬祖的同事之前做東南亞商品，大家都沒經驗，只能靠勤拜訪、結盟供應商來快速學習，進入狀況。

可能是年輕人沒包袱、又肯拚肯挑戰，果然在很快時間就有成績。我常常在想，如果那個時候沒有大家一起願意打掉重練的心，或是不敢踏出去那一步，後來也不可能有精采故事吧！還要謝謝老闆和投資人支持，讓各市場都能安心打仗，不至於因為資源受限而無法伸展手腳。

9 沒薪水我也不會跑掉，會陪你拉鐵門送走最後一名員工

二〇二〇年Covid-19疫情開始時，生意進單全面停止，退單一大堆，一開始前幾個月人心惶惶，那時還沒機會開始做國內旅遊，所以只能先努力回收帳款、把各種庫存很多的票做處理或拿回預存金。很多同事進來公司是畢業後第一份或第二份工作，突然面臨疫情，很擔心自己的工作有沒有保障？安不安全？

我的好友兼創辦人、執行長，從二〇二〇小年夜那天起，天天召開主管會議，緊盯著營運轉型的機會和疫情前線狀況。

回想二〇一七年我離開零售品牌公司後，一心想創業，帶著我的創業題目來找當年是認識十八年、現在已經是二十幾年的好友，我把當時想做

的題目跟內容跟他說了以後，他馬上一盆冷水澆醒我：「妳做這個題目穩死的啦！全世界做這個題目的沒有人賺錢，而且創業沒有妳想的那麼簡單啦！妳一個女生還有小孩耶！」

然後他隨後說服我加入他的創業公司，也就是我的第三份工作——旅遊電商平台。一開始說可以先做三四個月看看喜不喜歡，不喜歡也沒關係，後來我一路從二〇一七年做到現在，中間還遇到COVID-19疫情，公司戰勝疫情存活下來之外，還在各市場找到新的生意機會。

就我這幾年的觀察下來，發現創業的確不簡單，例如大家想像得到的一位專業經理人、創業家老闆要做的：管理、策略、研發、生意拓展、獲利、財務等等以外，還要面對投資人，要找到一幫有Commitment（承諾）願意待下來的核心成員，尤其我們是做多國生意，還需要多國的資深人才、募資等等，這些都很不容易。如果說創業要成功很難，那麼我必須說，在成功的路上，那些準備工作也很難。假使你想創業，要特別思考清楚、準備好各方的能力與資源，除了勝率很低、得一直持守著那艘船以外，最重要的是考驗堅持度，還有許多上述提及的職責。

疫情爆發後的第二年二〇二一年，台灣五月中開始遇到嚴重病毒感染進入社區，我們平台旅遊商品完全不能賣，也就跟著機會點走，開賣菜市場的生鮮蔬果、肉品、水果等等，我的老闆也是好友跟我說：「妳當年不是一直想創業賣水果嗎？現在剛好給妳做到這個題目了，二〇二一疫情年剛好是我們的生鮮電商服務元年。」

做了好幾個月一直到疫情降為二級，大家才又開始出門買菜吃飯，這個題目才收起來，我們又專心賣旅遊體驗商品了。而事實證明，老闆說的沒錯，這題目還真的不好做。

「你有睡覺嗎？」疫情開始正嚴重的時候，我問了好友這個問題，當時疫情情況不明，全球延燒蔓延，疫苗都還沒研發出來。

「你放心，即便沒有領薪水我也會陪你撐到拉下鐵門的那天，送走最後一名員工才離開的。」我用很堅定的眼神看著他說。

過程中我時常想，如果今天是我自己創業，找得到陪我拉鐵門的夥伴嗎？我不確定。欣欣向榮的時候，我的號召力是足夠的，但遇到危機的時候、前景堪憂的時候，下船的、看戲的還是比堅持住的人多吧！

建議大家假使有一天要創業，得先找到一群願意同甘共苦的人，堅持到底。這是疫情期間我學到的事，以及「創業真的沒有你想像的那麼簡單」！

曾說不領薪水也會陪到最後拉鐵門的我，幸好後來我們業績谷底攀升，資金也充裕，沒有到最糟糕的那一步，每次聊到那一天，他還會開玩笑跟我說：「雖然很感動，但想一想我們公司又沒有鐵門……。」

經歷過新創的每個階段，覺得創業真的好難，像我們疫情前規模那麼大，也會瞬間熄火，一夕歸零。如果是我，可能沒把握自己可以找到一群萬一最後沒錢領，遇到危機也能相伴的夥伴，同時間又要在疫情那麼艱困的時期，維持五六百人的規模，而疫情在各國又是上上下下起伏不定，身為主管的心情跟身為創辦人暨執行長的心情，還是有很大的不同。

後來各國的疫情發展都不太一樣，我們大家都只能在國內疫情變化下找不同的題目做，就地發展起來。疫情稍稍平靜，確診數下降，就符合政府的防疫政策做國內旅遊；疫情太嚴重就轉做宅經濟，把大家以往旅行時會買的伴手禮或在地小吃寄到客戶家裡；以往陌生的國內旅遊，再滾動式的找商機，甚至，在二〇二〇年我們還賣防疫旅館訂房呢！

這之中有團隊因為看不到隧道口，有機會就轉換舞台去了，我們當然也要祝福，但同時也有其他產業的人才，反而在這個階段轉入我們團隊。我們身為主管的人心裡也是五味雜陳，常要含淚揮手、送走愛將，也常要張開雙臂歡迎新夥伴，一邊又擔心他能否適應這時的旅遊電商。

在疫情未明朗又變化很大的這二年之下又邁入第三年，在經營管理、當主管的這一塊，有更深刻的理解與看法，原來老闆就是做好準備，要嘛成功、要嘛拉鐵門的那位，至於誰能陪到最後，只能接受這一切的發生，沒有辦法計劃。

以前我都在大外商工作，上一份工作做品牌時，有實體店面也有網路店，算一算一百多家，員工加一加有五百人。但當外商總經理，開店投資、關店止血都是花公司的錢，很多是績效能達標、好做的品牌，基本上數十億在操作，失敗個一、二家店都是小事，即便幾百萬或幾千萬，也是毛利的零頭，不造成什麼大影響，很快又可以賺回來了；就算遇到颱風、淹水什麼大災情，我們也可以北部有狀況、南部補生意，或是有電商的生意補起來。從來沒有遇到過現在這樣，專做海外旅遊的公司卻因疫情全球停擺的事情。如果說不要浪費一個好危機，那對我來說，我學到的就是：創業和做專業經理人是不一樣的，自己要做好拉鐵門的打算，誰會陪你闖關到最後？沒人說得準，可能連當事人自己都不知道。

PART 4

適時停下，隨時充電，成為有影響力的人

一件事堅持做下去就能發揮影響力！
為他人著想的行為，往往出於對他人的益處出發，不只是想到自己。
每個人都有不同的價值觀，要先知道自己怎麼看待「價值」？
在意哪些滿足感？再去把錢和時間換成你要的樣子。

1 到海外工作，可以增加國際視野，但也要犧牲很多

在國外出差是我最忙碌的時候，因為一直在日本韓國等海外辦公室跑來跑去，每個地方都有一落地就解決不完的問題，從生意面、制度面、法令更新、人事問題一直到總公司的溝通協作，常常白天像里長一樣要為民服務、跟著業務出場去拜訪重要合作夥伴，晚上回到旅館還得開始回信，寫週報、跟台灣同事過數字，一個人身兼多職的情況下，家人往往被我漏掉。有兩次小孩的生日我都忘記，有一天晚上小孩用爸爸的手機打視訊電話，我腦筋動得很快，立刻跑去文具店，直播讓他挑選禮物，還有一次剛好跟同事晚上吃飯，一起幫小孩視訊慶生，累得半死的我，說真的每次回台灣都像休假，很難想像過去幾年在好幾個國家輪流持續一直跑的日子。

冬天最慘，日韓都會開暖氣，我的皮膚過敏又乾燥，一遇到在室外冷風吹、回室內熱風暖氣吹，每次都皮膚裂傷，乾燥到出血，即便塗塗抹抹都沒用，後來直接塗上厚厚一層油的保護力還比較強。加上我們出差為了省錢多半是搭電車，上上下下走，日本月台距離客戶辦公室或是住宿的地方都有段距離，常常要每天走。

這工作看起來可以常常出國、每個月去好多地方，其實光是工作負擔、身體調適氣候與乾燥環境，就很讓人折騰了。幾年時間下來身體濕氣重，時不時汗皰疹發作，加上燒腦袋的各國許願清單，就像同時間創立好多家公司，每家公司草創都有不同需要幫忙的地方一樣。

我天性樂觀，是大家的依靠也是信心支柱。我常跟大家說，我們一件一件事情來，可能是人生遇過太多事了，往往大家挫折不已、猶豫不決、擔心的時候，我都覺得可以再試看看，這就像在扭飲料瓶蓋一樣，前面很難一扭就開，但一直不斷扭瓶蓋，最後就能很輕鬆打開；我常常提醒自己和團隊同事，最怕的是明明快扭開了才放棄，那就太可惜了。

出差海外我們通常一個國家只停留兩週，很少租有廚房的住宿，在只能外食、沒時間買菜煮飯的情況下，造成飲食上長期重口味的習慣，對身體是很大的負擔。在二〇二〇年疫情前，我被健康檢查出現的一系列紅字訊號嚇壞，後來疫情打亂工作節奏，我因此只能困在台灣，反而拾回健康。對家人來說，也有了我的陪伴。有一好沒兩好，有國際化視野、海外工作的體驗，同時要投入的、要失去的也很多，我們很難為自己計畫，但可以盡可能的照顧自己，享受辛苦工作外的生活同時多為自己著想一點。

以後出差，我不要再安排一連串從早到晚的會議，弄到晚上進旅館才開始加班回信和處理台灣的事務，讓自己睡眠不足又很累，應該要一次去久一點，找有廚房的地方住，自己煮飯吃，因為疫情讓我知道了，健康和家人比什麼都重要。

2

因為疫情留在台灣，結果重拾健康瘦下來

在二〇二〇年疫情爆發前的連續幾年，我一直在各國飛來飛去，每次為了想把握當地市場都把時間用到極致，除了約辦公室同事一對一溝通、解決他們的困難、對接總部資訊外，還要拜訪當地想要突破關係的合作夥伴。當地同事約不到高層、打不進去的時候，也會把我搬出來，說「我們台灣總部的主管要來拜訪」，然後就自然能約到。更神奇的地方是，通常談什麼合作都可以馬上推進、直接進到執行程序，而不是被擺在一旁晾著，久而久之同事們也就很會善用這些策略。所以我總是從下飛機當天一直到離開那個國家，都在各種內部、外部的開會。日本、韓國是我在疫情前兩年的重要市場，每月都去，一個國家停留一至兩週然後回到台灣一週

兩週，再繼續跑，跑最勤快的時候還有回台灣幾天就繼續飛去出差。

可能是飲食、睡眠或是忙碌的生活沒有掌控好，我快速的發胖，一直胖到七十公斤，對在意外表的我來說，真的是很難受的事。結果遇上疫情，生意全部受到重擊，壓力更大，但我被鎖在台灣出不去的這近兩年，我重拾健身運動，一週幾天早上找了教練上一對一的重量訓練課程，飲食也盡量自己煮飯方便控制，很快就瘦下來十幾公斤。去醫院檢查時，本來紅字的膽固醇等各種超標的數字都恢復正常，疫情讓我重回健康，大概是一陣疫情受創、求存活的辛苦奮鬥中，少數的好消息吧！

我自己檢討了一下，在飛來飛去出差的時候，因為會議很多，往往要吃晚餐的時間都在八點左右，非常的晚，外食吃的食物也偏油膩，常常吃完又趕著回旅館回信、跟台灣聯繫等等，根本沒有休息和私人時間可以放鬆或是運動，隔一天一大早又匆忙出門去開會，睡眠時間不足也是很大的問題。即使在台灣，這邊的會議和討論一樣很多，又習慣連走路、吃飯也都在看手機回訊息，久而久之對身體造成負擔。後來因為疫情讓工作步調停下來，看著自己恢復正常的健康檢查報告，突然覺得不管是生活作息、飲食、運動、睡眠都應該要改變一下才行。

開始新生活三個月的時候，去醫院新陳代謝科檢查就看到很明顯的進步，有次醫師問我：「妳是不是一個很嚴格的人啊？」我很納悶醫師為什麼要問我這一句，後來才知道沒有人可以改變那麼快、成果那麼顯著，他覺得我應該是個超級自律的人才能做到。

從此，我決定要和日式居酒屋、韓國炸雞說「拜拜」，開始過減醣、低升醣飲食搭配重訓運動，好好維持健康的生活。很高興我可以穿S號的衣服了，把原本衣櫃裡的衣服都送人或是捐掉，買了一堆新衣服，讓自己在疫情後更美。我還獎勵自己，每瘦四公斤就重新買一次衣服，如今一共買了三次，真的很有成就感。不知道各位忙碌的工作者，是不是也跟我一樣在這兩年有重拾健康的機會，如果是，那這個疫情至少還留下了一些好的影響吧！

3

寫信給總統，爭取早產兒疫苗注射健保給付

「妹妹的呼吸道融合疫苗沒辦法打，因為健保局還在跟藥廠議價，尚未進行到採購程序，我們有一直追，但還沒下來。」

問到底才發現，不只我們家有極低體重出生的早產兒妹妹，還有同期的早產兒寶寶都在等疫苗，醫院的醫師護士都很無奈。像這樣肺部不成熟的小早產兒，在出院後又因為感染呼吸道融合病毒再度入院的小Baby幾乎都要插管治療，最後的死亡率也很高，即便我在家已經嚴禁訪客，家人回家都要洗澡消毒、換衣服才能接觸小孩，還是覺得應該要更積極想想注射這個疫苗的辦法。

那麼多小孩都在等疫苗，救人最要緊，如果只是為了更好的價格成本

議價，要讓那麼多早產兒承受風險，太不值得了。於是我透過網路，號召早產兒的家庭發起「一人一信投書總統」的活動，我當機立斷，把我的想法、訴求都寫在Email裡面直接投書總統信箱，而響應這個計畫的早產兒家庭不少，很多都跟我一樣，馬上跟著採取行動直接投書。

隔沒有多久，我接到健保局官員和承辦人電話，說已經開始進行買疫苗、採購程序，但可能跟不上這一次我女兒的注射（因為當時法規規定極低體重早產兒可以打到六個月，女兒當時已經超過六個月大）。但我心想，只要後面的早產兒們可以受惠也很有意義。這次的經驗讓我學會「勇敢挺身而出、登高一呼，是會有影響力的」，即便妳只是一位媽媽、一個素人，匯集眾人的力量，仍然能造成影響。至今我們早產兒家庭還有一個五千人左右的社群，常常彼此打氣、交流，或提醒各種該注意的事情，我也因為當年的號召行動，結交到台灣各縣市的早產兒家庭朋友們。

「為母則強」這四個字在我連續生出兩個極低體重早產兒，一個一千克、一個八百克後，深刻體驗到，當初倘若只為了自己可能不會發起這樣的行動，但為了孩子真的是爭到底、耗費心力也在所不惜。

我知道很多民眾都喜歡投書媒體來給政府壓力，但我個人覺得公部門其實是可以理性溝通的，當然每個單位有自己的輕重緩急和工作目標，但投書媒體之前，如果可以在公部門的溝通管道先進行理性溝通與資訊的提供，事情或許就可以解決。上媒體投訴後的事情，讓公部門疲於奔命到處滅火，對行政效率不一定是最好的幫助，萬一真的投訴無門或是石沉大海時，再來考慮這一條路，像我的例子，就是很快就得到政府的回應。

我的兩個早產兒小孩出院時的醫療費用有一大部分都是健保給付，這個健保制度真的是早產兒福音。聽醫師說，以前沒有健保的時候，很多家庭一生出早產兒就要去變賣家產、到處籌錢，相比起來，現在的早產兒家庭幸運得多，而這個疫苗補助雖然已經法令通過，但公部門為了議價而壓住採購流程也是出於成本控制的考慮。當我們說明這個疫苗不打，小孩風險更大，到最後讓健保局原先補助的最大筆住院治療費用白費，甚至重新住院後會繼續花費健保費用，都是因小失大，早產兒人數資料也會被拖著不會減低後，承辦人員馬上就能了解事情的輕重緩急與風險，做最好的判斷。

不要以為每個人都知道事情的全貌，當事情的發展跟你想像的不一樣時，你是否願意多做好幾步，去讓執行的承辦人員可以得到最全面的資訊，做出更符合當下需求的決策？這個案例也讓我知道，我是一個願意為了孩子而耐心攬事的人。

發揮影響力是每個人都可以做到的事情，當年我的身分是一個早產兒的媽媽。

4

一件事堅持做下去就能發揮影響力——我的寫作之路

聊聊我為什麼那麼忙還寫專欄，又幫業界上課跟演講的緣由。

在一次媒體專訪結束後，記者請公關經理問我：「Yuki好像職場、行銷經驗豐富，可不可以幫我們寫專欄啊？」在此之前，我完全不了解媒體，只知道當記者寫一篇報導要採訪我時，我們的回答要盡可能有增加媒體報導的價值，提供讀者有用的資訊，不要讓雙方時間投入後，只是讓這個世界又多一篇廢文刊出。

當下我好奇的問了一句：「記者還要管專欄喔？我以為這是編輯的工作耶？」

「對呀！公司最近給我們KPI是記者要找到業界人士來寫專家專

欄，我被分配要找三位，但很難找，因為大家都很忙！」公關經理轉述那位記者的回答給我聽。

雖然沒寫過專欄，但我覺得自己應該可以寫吧？雖然我只有每天在臉書上寫寫當天心情的經驗而已，仍然這麼勇敢的答應了。後來除了寫行銷內容的專欄外，還陸續答應了未來創新相關專欄、管理和職場專欄等等，一切超展開。

有一些媒體是收稿子後全文刊登，頂多潤飾不通順的文字增加易讀性，但有些媒體是逐字逐句修訂章節、範例和架構等全部都會來回討論，收到滿篇紅字的追蹤修訂，有的要改架構、有的要濃縮成列點呈現、有的地方要增加案例。

大概這樣練習一年後，一切變得上手與熟悉，現在寫一篇文章只要半小時不到，而且整個文章架構、完整性和找切角都很熟練，靈感也源源不絕。我都說每次交稿子都像是上一堂寫作課，有編輯幫忙看，主編和編輯還會幫忙想標題，常常稿子出去後，編輯會跟我說他們早上舉辦標題票選，現在有三個，問我意見。很驚訝有一群人那麼認真看待我的作品，都不好意思說這只不過是自己花半小時寫出來的文章，可能大家潤飾、幫我看過、想標題的時間都超過我寫文的時間呢！

一開始只是想幫助一位記者達成KPI的心，後來陸續接了好幾個不同類型的專欄，假日、晚上都會花時間來寫稿。我的堅持度一直很高，每年過年休假的時候也會不間斷的交稿子；我曾經在滑雪渡假村的大廳寫稿子，還有到日本出差，和同事下班後去居酒屋吃飯，回飯店已經半夜，還是堅持寫稿子交出去，投入越多就越珍惜。後來寫稿子反而是我自我療癒、紓壓的方式，也很有成就感，因此得到很多回饋。

有時候是朋友同事們跟我說：「我好喜歡妳這週的文章喔！我學到很多耶！豁然開朗，有幫到我。」

有時候是去初次拜訪合作夥伴的董事長、總經理時，對方就超級熱情的跟我說：「我很開心見到妳，我平常有在看妳的專欄耶！」接著對方還會細數哪幾篇很受用、哪幾篇有共鳴等等，開啟破冰話題很常是從文章內容開始。

這些對話都會一再鼓勵我持續寫文和產出，下班後、週末時都拿來寫文，只要有靈感，也會趕快用手機筆記下來。除了實務經驗之外，閱讀的習慣也讓我在寫文中有更多的知識可以運用，甚至達成融會貫通的境界。我常常會寫一個自己的經驗時，寫著寫著突然想起：疑？有一本書也提過這個觀念啊！然後就會把書的內容也介紹進來自己的文章裡。

後來幾間出版社就因此找上我，開始有企劃找我寫新書推薦、或贈書給我看，找我去說書的讀書會等，延伸出更多知識取得的管道，讓這個一開始只是為了滿足記者ＫＰＩ的寫作之路，慢慢走到成為興趣、成為能力、成為人生中很特別的社交關係，我也因此多了一個叫做「專欄作家」的稱號，透過文字影響了很多人，讓我滿有成就感的。

一件事堅持做下去就能發揮影響力！寫作邁向兩年了，累積出好多作品，常常有讀者來臉書留言給我，越來越多人透過文章認識我，在這個倡導個人品牌的年代，我因此受惠不少，工作上也因此得到拓展。我要謝謝當時邀請我寫專欄的記者，既完成他的ＫＰＩ也讓自己做到這項原本沒有列在人生規劃裡的一條路。

5

老師，我有聽過妳的課，對我很有幫助！

我常常體會到「凡事都為別人著想」所帶來的神奇力量。

我的一位臉書朋友創業做了一間線上學習的虛擬學院——商業思維學院，他們邀請我開一堂線上講座，同時希望可以讓他們錄影下來提供學員們課後看，我答應了。當時因為才第一屆，學生大概總共不到兩千人吧！當天線上約有將近兩百人聽，等年度結束時，這個純粹只是幫忙的講座觀看人數竟然累積到超過一千位學生，是他們講座課程的第一名，讓我很意外也很開心。

因為這是一間訓練商業思維的線上學院，而我講的內容是偏向數位行銷的流量經營，看似既偏門、又非這個線上學院的主流講座，竟然可以引起大家迴響，還有許多聽完講座的學員把自己的筆記上傳，將自行應用的實例分享出來。由於講座主題是電商最在意的「流量思維」，以及我著重在「商業思維等於老闆思維」這兩個內容，都是學校沒教的事，而在職場上的經驗也告訴我，很多賣命努力的工作者，只要思維上一點通就處處通了。講座雖然只有一點點時間，但我看到大家豐富的筆記十分感動，對我這種上班很忙、下班也很忙的主管來說，看到大家都有學到東西，還筆記下來心得，就是最好的回饋了。

我的人生好難預料，同時間也有好多枝枝節節的精采都是來自於誤打誤撞，可能我總是覺得付出一點點可以為他人帶來改變，一切就很值得！當然，要把他人的收穫、自己的付出算成一國才會有這樣的思維。

往後請我演講、分享的場合越來越多，我也認識越來越多人，這是結交朋友的好機會，同時在徵才方面也很有用。常常聽到來聽講座的學生後來成為團隊夥伴、工作上的活動合作夥伴，或是成為我們的供應商，這些都是來自於未曾想過的緣分帶來的，我都說這可能是凡事都為人著想的力量，比《祕密》那本書的許願、信念還厲害。這些貼心為他人著想的行為，往往出於「對他人的益處」出發不是只想到自己，有的甚至根本沒好處。《聖經》裡有一句話說：「神對一切都有美好計畫。」果然就是如此，最後需要幫忙的時候，都靠大家挺身而出。

「心思越單純、越善良的人往往得到越多，影響力也越大。」

疫情期間我接手新業務，在人手不足的狀況下，也是靠著這些學院和學員互相推薦，為我找了一幫好人才和人手，讓我可以安心衝刺新生意、拓展疫情下的商機。

「老師好，我有聽過妳的課，對我很有幫助。」越來越習慣聽到這句話，發揮影響力有時候真的就是一堂講座就可以。

6

團隊間無私交流成功經驗，彼此教學相長一起共學

「Yuki謝謝妳總是用自己忙碌之餘的時間，為我們整理書的介紹、找外部資源來幫助我們成長。」有次團隊舉辦冬至吃湯圓活動，可以寫一封感謝信給同事，我收到好多張的內容都一樣，寫的都是早餐會，這點讓我很感動，覺得自己每個月撥時間來投資在團隊同事的成長上，很有意義。

發起「榮譽早餐會」大概有半年左右的時間，一開始是發現大家都忙於衝刺各自的生意，鮮少有機會可以互相分享成功經驗，每次有同事成功的開發出熱銷爆品，就是開心個幾天，然後又埋首於接下來的數字目標上，繼續往下一個產品努力，如果可以讓當事人記得這個成功久一點，是不是更有價值？

行銷同事也是，大家知道那個新的合作很成功，但也沒有機會讓同事可以分享為什麼找到這個機會？怎麼爭取到獨家？中間有什麼心路歷程值得借鏡？只能透過很外圍的數據來判斷，好像可以這麼做，但如何做到？沒有頭緒。再者，往前衝生意的同事，好像少了一些個人成長，像我自己這樣，把念書、請家教當成固定的娛樂活動，這種人太少了，因為太多其他更放空的娛樂會占據大家時間。大家要上班，又要有時間追劇、打遊戲，根本睡覺時間就不夠了，哪來的時間可以自我成長？

於是我就想，每個月如果有一個榮譽早餐會可以約大家自由參與，讓有得到榮譽資格的同事擔任主講人，我再依照當月分享成功案例的同事準備的主題來挑選一本書做書摘，幾頁投影片講完一個具實用價值的理論或做法，一個月一本書，一年也吸收了十二本書。

時間就約在一大早八點半，這對年輕同事是非常難達成的，因為大家都習慣晚睡晚起，很難爬得起來，但沒想到試行起來很順利。從十幾個人參與，一直到五十個人甚至更多人連線參加，這個榮譽早餐會的月會，還成功讓開出爆品、做出行銷好案例的同事有分享的舞台，也培養了同事間彼此學習的習慣，而我呢？則扮演請大家吃早餐、整理一個月一本書的書摘投影片這種角色。

後來默默影響一群同事成為書迷，他們說本來超久沒看書，這半年來是他長久以來看最多本書的時候，可見團隊的個人成長，主管也是可以幫上忙的。除了台灣團隊，日本也有同事參加過早餐會，除了在前線的商品開發、行銷同事外，財務部和法務部門也參加過；雖然大家只能遠距，但是這些點點滴滴的逐月累積，相信都能發揮影響力。

當我們花時間投入、求團隊成員的自我成長時，團隊裡的每一位夥伴也能理解主管的用心栽培，尤其是大家可以省時省力的獲取知識與他人經驗，那種被用心對待與培養的感受一定更能體會。

7 好的理財觀念和健全財務的成果，是心靈踏實的原因

每月早餐會的好書分享時間，被同事敲碗講理財，我理財的書不少，但個人經驗也不少，於是就花了一點時間整理分享的內容，在工作忙到爆的時節，回想理財二十二年的經驗，根本就是療癒的過程。

數錢對我來說就是一種療癒，翻開本子就自嗨，尤其我是腳踏實地的小資女，靠自己的努力不懈與堅持，二十幾年不間斷，每次講起來都很像勵志故事。

「買台積電領股利2~3%、買房子房租收入2~3%，兩者有何不同？」

很多人談到理財，不是想要別人報明牌，就是想問投資組合，但有多少人發現，其實投資組合的選擇不是追求高報酬而是需要有更深刻的自我

了解？舉幾個很明確的例子來說：

1. 有錢就想花的人。只要錢一進來、甚至還沒進來，光知道這一筆錢即將進帳就自動想花掉。↓這樣的人很適合：強迫儲蓄，定時定額。

2. 輕鬆賺就輕鬆花。投資開始賺錢就想停利，一停利拿回本金後發現賺了三十萬，立刻想去買看了很久的名牌包、想招待家人去吃一頓好吃的或想帶家人出國旅行。↓像這樣的族群適合：非流動資產不容易變現、難以停利的投資。

3. 容易一次花掉大筆的錢。例如換車，像這種得存好幾年才能存到的金額可以一刻就花掉。↓這種人適合：更大筆（膽）的投資。

4. 工作不穩定，不開心就想轉職或裸辭。↓適合：負債經營，給自己壓力。

5. 對自己太仁慈、日子過太爽、不追求金錢。↓適合：大目標的標的，太保守的理財固定存量會很有限，每天叫外送、搭Uber、偶爾吃吃米其林，或住飯店就花得差不多了。

比起投資組合和投資標的，我覺得了解自己反而是更重要的事。

理財這件事最重要的是必須知道時間複利的力量。每年投報六％的規劃，六十五歲要拿到一千萬，那麼二十幾歲開始只需要每月存三千多元；但五十歲才開始就要每月存好幾萬才能完成，理財絕對是越早開始越輕鬆。

還有很多身邊年輕的朋友同事問我說：「人生規劃和理財規劃有關連嗎？是不是要等存到一定的錢再結婚、生小孩比較好？」

人生是無法規劃的，但理財可以。

我也常常鼓勵女生，好男人遇到就要圈起來、小孩有了就要生。因為很多事情是計劃不來的，錯過一個對的人，有時候一輩子都相遇不到了。

而投資小白要如何開始呢？

我建議做功課不要看名師，要看歷史；想致富要花時間，賺機會財是趨勢過了就沒有，但也要小心高風險的投資真的不要太多，投資是讓自己對未來放心，更踏實，而不是天天提心吊膽、七上八下的。

要掌握自己的財務狀況，也要好好管理自己的財務三表（資產負債表、損益表、現金流量表），存在電腦、手機或是雲端上都可以。

報酬很重要但風險也很重要，不可以賠錢，不然本金沒了很難翻身。我當年賣掉在第一家公司的股票，換美金定存存了多年，最後是去蘇州要買房子才賣掉，因為當年這一筆是九年的累積，深怕賠掉就無法再繼續滾動，所以當中其實也有很多投資機會但都沒有出手。

還有一次，年輕時我去跨年倒數前擠不進去捷運站，就在公館捷運站出口的地方看到預售接待中心，想說進去逛逛喝咖啡，沒預料到還真的很喜歡，就買了公館捷運站預售的房子，一買完的週末馬上去加買保險五百萬，因為當時我是家庭的賺錢支柱，替家人著想，未雨綢繆，不想讓自己的投資成為家人的負擔，當時是二十出頭的年紀而已，十分早熟。

華爾街有句名言是：「讓獲利持續奔馳，讓虧損馬上停止。」巴菲特也有句名言是：「投資股票的第一原則：不要賠錢。」

「停損不停利」這種說法，我很贊同，所以二十多年來的保守投資下，從沒讓自己虧到錢，總是可以全身而退，看風險比看獲利還斤斤計較，這也算是年輕時就出社會養家的收穫，知道賺錢辛苦不容易，累積資產更難，要仔細研究、拿捏清楚才能投入。

理財先理債，我也是還房貸的愛好者。很多人說房貸利息那麼便宜應該要趕快借出來投資，但我反其道而行，總是選擇提早還款，自己很省、有錢就還，原因就是不想讓自己和家人背太多房貸造成危機，總是保守為贏、穩扎穩打的我，也是白手起家小資女一切靠自己努力的另一種收穫吧！

閱讀是我心靈富足的來源，而好的理財觀念和健全財務的成果則是我心靈踏實的原因，缺一不可。

8

十五萬公里十年車，當年我買的還是二手車

「拜託，妳也換台車好不好？」

前陣子去宜蘭出差，我自告奮勇要開車載兩個同事一起去，跟我很要好的同事，她一上車就說：「妳怎麼還不換車啊？都十年、十五萬公里了耶？」

我絲毫不受影響，還得意洋洋跟她們說：「嘿！你們知道這台車還是二手的嗎？新車價大概八十幾萬吧，二手價五十萬，我接手時四年還很新，持續開了六年還很喜歡耶。」

很多年輕人都愛說：錢沒有不見，只是變成你喜歡的樣子。

好像是耶，因為我在旅行上，花錢不手軟，每年帶小孩出國兩次、甚

至三次以上，冬天必去滑雪，每年花在旅行的預算都比我的車還貴，但我卻始終不想換車，不愛買名牌，有存錢都拿去繳房貸和旅行。

花錢真的不是問題，自己覺得有價值才重要。

可能是我不受外界評價影響的原因，我發現錢換來的樣子，是我喜歡的心裡富足與安全感；我喜歡回顧孩子每次去旅行的照片、我每次旅行的吃喝玩樂、剛開始滑雪那跌得亂七八糟全身痠痛的樣子，那些回憶都存在心裡，成為我喜歡的樣子。

我當年買了這台二手車之後，因為太喜歡，參加了許多車主聚會和車友社團，大家一起開同一款車子出遊，空拍車子排成車款名稱的照片，做了很多有趣的事情，交了很多開同款車的朋友。後來我曾經預訂了一款電動車，還是台灣前幾十名的預訂者，車友們擔心我就要退社不跟他們出去玩了，結果疫情來了，許多狀況不明，我只好把車退掉，我想這台十年的二手車，應該還可以陪伴我再久一點了。

每個人都有不同的價值觀，要先知道自己怎麼看待「價值」，在意哪些滿足感，再去把錢換成你要的樣子。即使我在旅行上的花費可以每年換車，但我還是選擇花在旅行上，那是我的選擇，不是你的。你要堅定你的價值觀和選擇，工作是為自己帶來心靈富足，不是為了別人的感受，那一點都不重要，包含你的家人都不是你，他們不應該為你做出選擇。

我自己也在猜，還有多久我才願意換車，可惜這台車款已經絕版，要換也不能再換同款車了！

9

比起備受禮遇的顧問職，我還是喜歡親自「撩落」去

帶小孩的那幾年，接過幾個顧問工作，只要去開開會就好，給意見、幫忙開發或是對接資源，算起來是輕鬆自在，又有超級高的工作報酬。尤其顧問都是老闆找來的，當然備受尊重。舉例來說：有一家公司的同事，每次只要我去開會之前，會安排好顧問專屬停車位，把當天要一起開會的經理的相關工作報告與資料先給我，十分受到禮遇。

但很快的，我發現這不是我要的。

問題得到解決，主要還是靠分析、戰略、執行、修正，這幾個程序，甚至更多的變因，顧問只能在部分資訊下給予回饋，有可能不夠全面。而該題的負責人即便買單顧問的想法，願意嘗試看看，也可能在後續推展上

因為遇到困難與阻礙，還得等顧問在下一次發現時才能協助排除困難，以致於失去時效，導致一個很好的開始不一定有很好的結果，或是根本在這當中，案子已經提早喊停。

除非顧問服務是提供給老闆本人，這才有機會有效果的推展下去，但風險是，老闆給的資訊也可能很片面，或由於不同高度讀到的空氣不一樣，上層視角提供給顧問的判斷依據，讓顧問隨意幾句話就影響公司治理、組織、商務方向，導致錯失良機、資源下錯，嚴重的時候還會影響組織發展。我當過顧問幾次經驗後，發現當顧問要十分有智慧、要很小心、面面俱到，比較起來，我還是喜歡把手弄髒，自己「撩落」去。

舉例來說：老闆可能會常常提及團隊行銷創意不夠大膽、或是不懂數位行銷，但其實相談後發現團隊很懂，也做很多功課，只是在這方面和老闆的溝通不順暢、或是老闆也有自己的想法，此時當顧問的人，就要有智慧處理磨合兩方，而不是一味應和老闆反而讓兩方關係更惡化。這些輔導過程都是要在達成目標上更注意拿捏的細節，不然輔導的單位都跑光了，有顧問也沒有用。

之後不管是全職媽媽復出後做品牌的總經理，或是加入新創團隊，我發現實作派的我，在還有體力的時候，還是直接下來衝生意比較過癮，效果也比較好。因為當主管其實也是一種顧問服務，只是對老闆、對團隊有兩種不同的顧問角度與類型，但扛責任、有實權的人，比藏在團隊外圍的顧問，更能幫上忙。

或許要等待更老一點，體力下滑後，我才比較適合當顧問吧！手癢想做事的我，還是適合親自「撩落」去。

如果你是一個跟我一樣愛實作的人，那麼面對顧問工作的邀約真的要考慮再三才好。

10

培養自學力、商業思維、市場敏感度，方能增強職場競爭力

環境變化快速，當主管的人要如何讓自己、讓團隊的人才維持競爭力？我覺得要從觀念談起。

首先是市場變化快速、創新科技和新的商業模式不斷出現，在某些天時地利人和的情況下，有可能在短時間翻轉使用者的行為與習慣，例如COVID-19疫情所帶來的產業變化有多大？整個產業、公司也必須改變，不管是主動改變來贏得創新市場，或是被迫改變來挽回使用者已經改變的事實，都需要改變，而這一切能否成功，都需要靠人才。

以往專精在一個項目的技能可以圖一份穩定的工作，但環境改變、消費者改變、公司跟著改變的同時，身為人才的你，手上的技能可能派不上

用場，或是沒有那麼重要，公司只想找沒經驗的年輕人來做就好，你該怎麼辦？

自學力、商業思維、市場敏感度三者是關鍵。除了你的專業必須精益求精外，以上三個能力是人才或是身為主管的你必須備齊的，不懂新科技發展，要自學，要知道哪裡可以得到資訊，而不是仰賴以前的知識與實戰經驗就夠，那些都不夠全面，有一個自己的自學系統是很重要的。以我來說，閱讀、幾個大神的自媒體、請業界第一線工作者來當我家教等等，這些都是好方法。而商業思維仰賴對於商業判斷能力的基本知識概念搭配實務經驗，如果是後勤工作者，建議跟市場有更多接觸，了解使用者的行為、了解市場競爭，這些都會讓後勤工作者更明白商業環境與變化，而市場敏感度也很重要，埋頭苦幹的同時要時時保持對於自己所在市場或是產業的敏感度，有什麼創新用途、新的商業模式都要了解，不只是努力手上的事情就好。

我常常說T型人才根本不夠，T型人才就是一個領域的專才配合一些通識，這樣往往不夠用，倒E型人才會更好，也就是一些通識加上至少擁有三項專業，窄一點專精一點的技能，搭配剛剛上面說的三項能力，對人才競爭力會增強得多。簡單來說就是一項專才不夠，最好是三項專才可以交互應用，會更好發揮。

很多主管做團隊的人才盤點是看現在，其實應該要往未來看。有時候現在的人才庫包含自己的能力都是現在夠用，但對應到未來的發展，可能團隊的技能落差、自己的管理能力落差，都需要提前佈局準備。很多人會為未來計畫生意，三年、五年計畫，但很少人會去想：「目前的人才是不是能在三年、五年後勝任？」如果不行，現在就要急起直追才對，不能等到那天來到。當主管這門專業科目是科學也是藝術，當我們在為自己、為團隊盤點技能的時候很科學，但想像到未來會有「自學力、商業思維、市場敏感度」這些變因後，未來人才庫的模樣就是門可以讓我們好好發揮的藝術了。

11

一對一相互交換知識的家教課，是全然不同的教學相長模式

除了閱讀以外，我有好幾位一對一的家教老師。家教J教我政府公部門的基本架構和合作應對；家教M則是產業分析師的背景，幫我收集全球各國的創新案例與新創服務，尤其是跟我工作相關的新服務、破壞性創新的工具與商業模式；家教K是電視記者出身，指導我電子媒體的基本合作與應對該如何得體；家教S則是一開始寫專欄時的家教老師，她是平面媒體主編出身，基本功十分扎實，至於家教C則是我的老朋友，一個月一聚算是彼此交流所學，也常常討論知識與書籍。以上這些家教怎麼來？

絕大部分是在一些聊天過程時，發現好像可以提供彼此一些不懂的地方、新知識的交流，或是對方主動提及想要請教我一些知識，我反過來

說：「那我們來交換，我教一小時、你教一小時。」

開啟家教模式後，我進步得很快速，全面打開我知識攝取的廣度。以前透過閱讀或是自主學習，因為時間有限只能一個一個來，但家教分享算是密集加強班，幾句話就把市場現況、應用發展講得一清二楚，另外還意外發掘了自己竟然是一個好聽眾、好學生的角色。我總是在每月一聚的交流時很專注、也很會問問題與傾聽，筆記或是記下的新知識會找時間應用或是實作一番，爾後如果遇到相關的問題，會事後持續追問，要從有興趣到實作，才是真正懂或是活用所學，印象也才會深刻。

針對一些短期「熱字」，我也會特別去找這方面的業界專家，例如：虛擬貨幣、NFT、元宇宙等等。找到機會就在實務工作上結合應用，甚至自己開戶去玩一玩，這都是我試著想多攝取更好玩、有趣的新鮮事務的管道，所以時間永遠不夠用。我很討厭參加無意義的聚會，因為該學、想了解的東西還有好多，我常常想，如果純聊天、純吃飯、純應酬的聚會能少一點就更好了，也常常拒絕很多大場子的聚會，被當成裝神祕的人，其實誤會大了，我只是書很多沒讀、家教課也很多等著我上罷了。

有趣的是，透過這樣的交流，我也逐步擴大影響力。因為這些家教對我來說都是不同產業、不同背景、不同社交圈的人，他們也經由跟我一個月一聚開啟很多實務應用，例如家教K本來是記者，後來跑去創業，也問我很多數位行銷實戰的知識，還邀請我去她的社團、協會、公司的活動分享數位行銷的操作，讓我又認識更多產業的好手。有的蹦出合作機會、有的是有才華的人才想加入我們公司、有些則是幫助我了解更多其他領域，這樣的影響力建築成為知識社群。我可以隨選隨學習，要深入了解或是淺淺的涉獵都可以，都有門路，我覺得這些固定家教的一對一模式太有幫助了！

我也把自己的方法推薦給身邊朋友。但我發現這樣的方法適合在某些領域已經有基本功，可以分享的人，因為交換是必須對方有價值的內涵、你也有，這樣才有辦法長長久久彼此家教與共學。如果自己身上的知識含量不夠，久了也沒有價值發揮的機會，雙方提供的價值不對等就無法持續下去，所以持續讓自己變強還是最重要的事，等到有某方面能力再發揮影響力讓所學知識幫助他人，交換別人的知識給我們，生生不息的共創雙贏的家教關係。

我跟幾個家教都成為好朋友，也會分享生活、工作，從學習開始建立的關係，這種不同以往的交友形式，我很喜歡。其實指導是一個很有趣的過程，基本上要看對方是否準備好想學？還是想橫衝直撞？

「為什麼要用這個方法？沒有更有效率的作法嗎？」我問一個朋友。

「沒有，你不懂，那些比較有效率的方法我都試過了，行不通啊！所以我只好用這個。」我朋友回覆我。熱情的我，其實很有耐心，類似像這樣顯示為不想聽建議和指導時，我絕對會閉嘴，就留給他自己試錯和橫衝直撞的空間，過陣子再關心他就好。

當對方只想分享自己的新發現時，我們不必硬要當一個指導員，熱心也要看對方目前的狀態。傾聽和陪伴、肯定與支持，大部分的人在分享困擾時，都想索取這些，尤其我是一個大家稱為正能量小太陽的人。但如果對方一直表達想知道我的建議或想法時，我就會一針見血，毫不拖泥帶水，直搗核心，因為我知道那個時機來了。給建議真的沒有問題，只有時機點的問題。

如果面對比我資深、是長輩、或是自尊心高的人，我就會在給指導和建議時，丟一個相關的簡報、一篇我看過的文章、一個網站給他工具自己學，他就會覺得是自己學會的，不是靠妳教的，保有高自尊心的人一個安全感和舒服的學習空間，這也是教學的好辦法。

我們在指導時，只要是真的想幫到對方，而不是想透過教學展現自己，那麼能達到結果就好，至於用什麼方法？花了多久時間等待？都不是重點，重點是結果。只要有這個觀念，就可以明白什麼時間該有耐心了。

結語

人生中有很多大魔王，當下會讓人覺得是老天要整我嗎？但事後都證明，這些都是禮物。

遇到苦難時要堅定自己，才能體會「時間複利效應」對我們人生的影響，這絕不是只用在理財，也適用在我們的人生。而正面迎擊挑戰、保持信念，即便沒有看到事情有改變，還是要相信隧道口有光，而我們的努力不可能白費，要繼續堅持下去，這才是我始終能嘗到甜美果實的原因。

每個人的人生，一定都會遇上幾次人生的挑戰或突如其來的關卡，透過這本書的真實記載，希望能給大家正面迎擊的力量，透過堅持、信念與行動，走過每一道人生關卡；當你在低潮、悲痛、努力並看不到進展時，可以翻閱這本書，或許會透過我的文字找到你故事的影子，祝福大家。

感動推薦

——宇匯知識科技股份有限公司業務處副總　陳婉怡

認識Yuki的那年她十九歲，一個穿著超短迷你裙的靚妹。看到她的第一眼，我的直覺是：「哇！這美眉好高、好辣！一看就是個做業務的好苗子。」畢竟，在二〇〇〇年初網路泡沫化的當頭，雖然是個充滿未來性的媒體，但也充滿了不確定性，同時要面對客戶不斷的質疑，外商除了薪水佳、福利好，最大的特色就是堪比喜馬拉雅山高的業績目標，敢挑戰高業績目標的她，是奠定我站穩這份工作最重要的推手。

我驚訝於她源源不絕的點子，與驚人的提案及開發量，她只告訴我：「我不能做不到業績，超業的二大特色，第一愛錢，第二拚命。」我心想，我真是幸運，帶到一個拚命三娘，當時的我，並不知道這拚命的背後承載了這麼重的壓力。越是了解她，越是被她感動，當年她服務的客戶，都是年約上千萬的大客戶，就算是現在都是極大的預算，更別提是二十年前的當時，可想而知，客戶對細節及廣告成效也是無比的嚴苛。這麼拚命的她，在二十四歲時收到身體給的第一次警訊，當她罹癌開刀時候，我的組內是沒有人有這個能力接手她的客戶的，我只能自己全面接手，一方面感嘆接案的執行力，一方面苦惱怎麼樣幫她做到她的目標？畢竟，她一睜眼，就是柴米油鹽的生活壓力。我永遠記得她住院的那段期間，她的每一個客戶都私下打電話來問我：「她缺多少業績？」大家都想把預算補給她，可以想見她的客戶有多麼喜歡及挺她。所以令人驚訝的是，在她生病住院的那段期間，她的業績反而是超達成的。

認識Yuki超過二十幾年，我們見證了彼此生命中的起起伏伏，書中的許多經歷，我不是身歷其中，就是陪在她身旁。我常常反思，她生命中遇到的這些大魔王，換做是我，是否有足夠的勇氣堅強面對？慚愧的是：「不能。」即使我們清楚的明白，每一次的失敗，都是化了妝的祝福，都是下一次成功的養分，但當生命中的挑戰接踵而來時，我卻常常陷於自怨自艾中而無法掙脫。Yuki就像是我生命中小太陽，很多時候，反而是在陪伴她的同時，鼓勵到我，讓我重拾面對問題的勇氣。

希望讀到這本書的你，不論面對生活或職涯當中的高潮、低潮，都能跟我一樣，被她的經歷所感動，重新燃起對生活、對未來挑戰的勇氣與熱情！

——商業思維學院院長　游舒帆

在閱讀本書時，我會有種精神錯亂感，因為我會進入一種「這是我認識的Yuki嗎？」的錯覺，但沒多久又會有種「這是我認識的Yuki沒錯」的頓悟感。

我跟Yuki認識的時間並不長，我們是在二〇二〇年年底時認識的，算起來還不到兩年的時間，不過在那之前我就經常看到她在數位媒體上的文章，我直覺她是一位能量很充足，親切感十足的人，也是因為如此，我才大膽的傳了訊息給她，表示想邀請她成為學院的Mentor，希望能藉由她的經驗，帶給學院學員們更多好的觀念。

在一通電話後，她確認了我的期望，並答應了我的邀請，我們兩個的緣份就這麼開始了。

不過畢竟剛認識不久，有一些埋藏在我心中的疑問我一直不太好意思問。

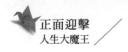

包含經歷過外商高階主管角色的洗禮，她是如何維持這樣的樂觀親切，而沒有變成一個充滿距離的職場女強人？在經歷過各種人生上的艱難挑戰，例如為了照顧孩子，在職涯高點時離開七年又重回職場，這過程中她又是怎麼思考的？過程中遭遇到的挑戰她又是克服的？

每個人的人生各有各的經歷，我也相信一個人必須經歷過歲月的洗禮，才能更無所畏懼的看待各種挫折跟挑戰。我們所看見的Yuki，肯定是經歷過無數的磨難後才成為現在的樣子。而我所有的疑問，都在這本書中獲得了解答。

閱讀本書，妳會看到Yuki毫不掩飾地展現了自己的脆弱點，包含沒有好好跟第一個女兒道別的自責、照顧早產兒的挑戰、帶全家躲債主一整年的故事，妳會看到很多次她哭得唏哩嘩啦，無法在短時間內克服哀傷，但最終她總會面對這些挑戰，讓自己在一次又一次的人生挫折中變得更堅強與樂觀。

二十出頭就擔任部門主管，客戶與團隊對她的年紀提出質疑，後來接任外商總經理時，一樣面臨著更多資深員工的挑戰，但她最終總會做出成績來。擔任全職媽媽的七年時間，不僅沒有成為她重回職場的阻礙，反而讓她更懂得如何帶領團隊。擔任KKday CMO這幾年，剛好碰到COVID-19肆虐，但Yuki始終堅定地帶著團隊一次又一次地度過難關，達成超乎預期的成果。

我所認識的Yuki，是個非常樂觀的人，總是把時間花在找方法，而不是抱怨。

我所認識的Yuki，是個願意為他人著想的人，在自己能力範圍內，她總是不忘幫助他人，總是願意經營更長期的關係，很少只看短期的利益。

我所認識的Yuki，是個外表堅強，但內心很柔軟的人，跟她聊天時，她不會因為她自己在商場上的豐富經驗就以非常犀利的言語來指導你，而是願意聽你說，然後引導你思考。

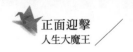

我所認識的Yuki，是個能力傑出，但又非常勤奮好學的人，有時她來找我問一些問題，她會說這一塊她要來跟我學，但說真的，我不覺得自己有能力教她，但她卻很專注的聽我說，讓我感受到她是真的想從我身上學習的，不是客套。

不管是面對人生問題，或是工作上的挑戰，Yuki始終如一。而我特別喜歡書裡面的一句話「每個磨難，都是祝福的證明」，我也相信，每個挑戰，都是為了豐富自己的人生，也為了讓我們成為更好的自己。

很感謝Yuki願意將自己的經驗分享出來，除了讓我解開一些長久以來的疑惑外，也讓更多人有機會從Yuki的故事中獲得啟發與力量。

——科技評論電子報《曼報》創辦人 Manny Li

二〇二二年讀的第一本書就是Yuki的新書：《正面迎擊人生大魔王》。

若要列出這幾年影響自己最多的人之一，Yuki肯定在名單上。這倒不是在表示我跟Yuki有多熟，而是我總是反覆再三咀嚼她說過的話，並努力在生命歷程中找機會實踐。

也許對部分人來說，這本書的賣點之一是Yuki 亮眼的職場經歷，但我從認識她以來就不是很在意她的職務內容，而是被三個不可思議所收服。這三個不可思議也是貫穿本書的主軸，分別是：

不可思議的樂觀

不可思議的堅強

不可思議的開放

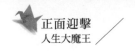

樂觀、堅強、開放，這是許多人都能琅琅上口的成功人士三要素。一帆風順的時候人人都能講得一口好正念，但要從「知道」跨越到「做到」，中間需要的養分有時正是人人避之唯恐不及的「人生大魔王」。

所謂的勇者並不只是因為天賦神力、受諸神眷顧、以及身邊有隊友相挺，更困難的是他為何接受對抗的命運。我經常一邊思考為什麼勇者不乾脆放棄或倒戈魔王陣營，同時一邊反省擁有這種思維的我一定是日子過太爽。

不過，正因為Yuki已經是淬鍊後的鋼鐵狀態，如果期待從這本書中讀到張力十足的困境描述，或是克服萬難的英雄故事，可能會有些許失望。

這股失望我懂，大概有點像過去我一邊喝著優雅的紅茶、一邊聽Yuki在面前笑談當年風霜時當下感到的手足無措。但，或許這就是一個曾經接受、面對、克服、超越，然後仍持續走在自我對話與精進路上的人才能產出的文字。

閱讀之於我的價值只有兩點：刺激思考，以及找到可身體力行的模範。就算沒有一樣的生命經驗，只要願意模仿，總是能收到幾成功效。

這幾年從Yuki身上偷學到樂觀、堅強、以及開放，實際應用後對自己的個人生活以及職業發展都有莫大幫助，而《正面迎擊人生大魔王》一書中提供的豐富背景資訊，更讓前述三項價值顯得更加有血有肉許多，相當推薦一讀。

——領袖100創辦人　石恬華

如果Yuki給人的第一印象是「語速超快」，第二印象應該就是「充滿熱情」、「超級拚命」。在她的世界裡沒什麼事是困難的，也沒有做不到的。凡事都全力以赴的人生哲學，造就她在職涯上一路打怪，每一次挑戰大魔王等級的難關都可以迎刃而解，更上層樓。如果你在職涯中需要突破，如果你在人生中卡關，聽聽Yuki的故事，你會理解到所有磨難都是化了妝的祝福，又將充滿能量，多了前進的勇氣。

——華信航空總經理　李榮輝

這本書清楚詮釋了主管階層與Z世代存在心中已久對於職場與生活的迷失，Yuki透過自身的工作體現與生活洗鍊與我們分享振奮人心的新思維，也對自認職場老手與憤世嫉俗的年輕世代，提供創造更美好生活的新解方。

——數位轉型顧問　李全興（老查）

人生有不少要闖的關、要打敗的魔王。家庭、工作、職涯、人際關係……不同的領域有各自的難題，如果能有經驗豐富的前輩給予指點，會少了試錯的成本，增添勝算。很少有像Yuki這樣在生活與工作、事業領域都闖過超高難關的人生戰士，千萬不要錯過這本難得的生命攻略。

——前數位時代主筆　何佩珊

初識Yuki的人，大概很難不對她的開朗、熱情留下深刻印象。但真正更認識她之後才知道，那顆無敵樂觀的心與溫暖笑容背後，其實經歷過許多挑戰與磨難。這次她無私分享了自己的生命故事，願你也能從中得到看待逆境的不同眼光與力量。

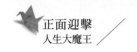

這是一本無論是剛畢業的職場新鮮人，還是擔任主管的職場老鳥，抑或是站在人生十字路口的每一個人，都應該好好閱讀的指引。作者Yuki透過充滿活力又詼諧的筆觸，用她精采豐富的人生故事來告訴你，面臨逆境徬徨無措時，你以為的谷底其實很有可能是一扇機會之窗。透過閱讀本書，絕對可以為你重新注入活力，燃起再次面對挑戰的勇氣，打敗人生大魔王。

——雅虎台灣董事總經理　林振德

從認識Yuki以來她就是個積極、樂觀、熱心的人。這些一般人視為磨練與挫折的事情都化為養分，成就了她溫暖包容的心、不設限的視野。在有機會合作後，她持續串連更多的資源，創造更大的平台，讓所有的人都更好，成為夥伴一起通行未來的行動力，更是令人激賞。

——時藝多媒體總經理　林宜標

——台灣虎航總經理　張明瑋

Yuki，一位見過後令人無法忘懷的小女孩（我是ＬＫＫ，所以在我眼裡感覺她就是小女孩，總是嘰嘰喳喳的說不停，呵呵）！感覺她是永遠的樂觀派，有源源不斷新奇的點子、獨特的市場嗅覺、明快的決斷力，而我在書裡面看到了她的縮影！一本讀後能激勵人心的書！

——前阿里巴巴集團阿里媽媽總裁　張憶芬

人生中的每個難關，都是轉變的契機。正因為無路可退，我們才不得不審視內心尋找出路。選擇用什麼態度面對磨難，決定我們成就什麼樣的人生。Yuki分享她直面人生困境，不斷擴大心理舒適圈的心法，溫暖鼓勵了在生活和職場上徬徨的工作者們。

——《經理人月刊》總編輯　齊立文

這是一本在談人生或職涯「計畫的趕不上變化」的書。讀完之後，你會發現Yuki如今身處的「舒適圈」，都是因為她沒有被生命帶給她的「不舒適」所打倒。遇到考驗，她反擊；遇到挫折，她反省；直到身處順境，她也不忘反饋，總結成這本書。

——和平島公園董事總經理　黃偉傑

「一路上彼此照亮扶持擁抱；心再堅強也不要獨自飛翔」，這是本書讓我觸動到一首歌「我們愛（讓世界不一樣）」的歌詞，也是我相信會帶給讀者的神奇堅定能量，不知不覺中就會跟著Yuki從她的十九歲轉換到自己的十九歲，並在閱讀的時空旅行中，好好享受這本書帶給每個人不同的禮物。

——百萬暢銷作家／STUDIO A共同創辦人　蔣雅淇

數位創新領域想找高手討論請教，業界打聽一圈人人都跟我推薦Yuki！她無敵爽朗的笑聲總是讓人感染活力；丟一個問題會幫你想三種契機；遇見困難會用興奮的心情看見其他可能；正能量輕易把低迷的士氣燒得火熱……這些特質反映在職場上，就是她屹立不搖，堅不可摧的關鍵！

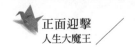

有了Yuki女王，誰都不用怕人生大魔王！整本書簡直就像真人從文字裡跳出來，親自帶領陪伴你面對、解決困難，毫無畏懼且充滿盼望。

——生鮮時書創辦人　劉俊佑（鮪魚）

新創公司跟大公司工作邏輯截然不同，且凶險萬分，有多少人能像Yuki一樣放下穩定外商總經理頭銜，投身挑戰？我常找Yuki聊天，聽她輕鬆聊起人生與公司的難關，彷彿談笑間，挑戰灰飛煙滅。你的人生正遇到魔王關嗎？讀這本書就像遇見一位溫柔堅定的Mentor，讓你在打王時，不孤單。

——POLO Ralph Lauren 羅夫勞倫台灣區零售總經理　蘇雯玲

世界上如果有舉辦「誰比較苦的競賽」，我想Yuki的人生苦難經歷絕對榜上有名，而她的臉上卻從沒有任何經歷過苦難的痕跡，總是光亮笑臉迎人。

如果你常覺得人生好難，遇不到懂你的伯樂，收不到好用的兵，看不到未來的道路，強烈建議你來翻翻Yuki的故事，你會發現原來自己有滿手好牌正等著你理好牌序，看準時機推出去！

VW00039

正面迎擊人生大魔王

每個磨難，都是祝福的證明

作　　者—黃昭瑛
主　　編—林潔欣
企劃主任—王綾翊
美術設計—徐思文
內頁排版—游淑萍

第五編輯部總監—梁芳春
董 事 長—趙政岷
出 版 者—時報文化出版企業股份有限公司
一〇八〇一九臺北市和平西路三段二四〇號三樓
發行專線—（〇二）二三〇六—六八四二
讀者服務專線—〇八〇〇—二三一—七〇五
（〇二）二三〇四—七一〇三
讀者服務傳真—（〇二）二三〇四—六八五八
郵撥—一九三四四七二四時報文化出版公司
信箱—一〇八九九臺北華江橋郵局第九九信箱

時報悅讀網—http://www.readingtimes.com.tw
法律顧問—理律法律事務所　陳長文律師、李念祖律師
印　　刷—勁達印刷股份有限公司
一版一刷—二〇二二年二月十八日
定　　價—新臺幣三五〇元

正面迎擊人生大魔王：每個磨難，都是祝福的證明 = Misfortunes define fortunes／黃昭瑛著 . -- 一版 . -- 臺北市：時報文化出版企業股份有限公司 , 2022.02
面；公分 . -

ISBN　978-957-13-9953-9（平裝）
1.CST: 自我肯定　2.CST: 職場成功法
177.2　　111000353

ISBN 978-957-13-9953-9
Printed in Taiwan